Karine Moura Vieira (Org.)

Cibercultura

SÉRIE EXCELÊNCIA EM JORNALISMO

inter saberes

Rua Clara Vendramin, 58 . Mossunguê
CEP 81200-170 . Curitiba . PR . Brasil
Fone: (41) 2106-4170
www.intersaberes.com
editora@intersaberes.com

Conselho editorial
Dr. Ivo José Both (presidente)
Drª Elena Godoy
Dr. Neri dos Santos
Dr. Ulf Gregor Baranow

Editora-chefe
Lindsay Azambuja

Gerente editorial
Ariadne Nunes Wenger

Assistente editorial
Daniela Viroli Pereira Pinto

Preparação de originais
Mycaelle Albuquerque Sales

Edição de texto
Arte e Texto Edição e Revisão de Textos
Caroline Rabelo Gomes

Capa e projeto gráfico
Charles L. da Silva

Diagramação
Rafael Ramos Zanellato

Designer responsável
Iná Trigo

Iconografia
Sandra Lopis da Silveira
Regina Claudia Cruz Prestes

Dados Internacionais de Catalogação na Publicação (CIP)
(Câmara Brasileira do Livro, SP, Brasil)

Cibercultura/Gabriela Zago... [et. al]; Karine Moura Vieira (org.). Curitiba: InterSaberes, 2021. (Série Excelência em Jornalismo)

Outros autores: Giovana Santana Carlos, Ivan Bomfim, Maíra Bittencourt, Marcelo Barcelos, Marco Bonito

Bibliografia.
ISBN 978-65-5517-999-6

1. Cibercultura 2. Comunicação de massa e cultura 3. Cultura digital 4. Democracia 5. Inteligência artificial 6. Tecnologia I. Zago, Gabriela. II. Carlos, Giovana Santana. III. Bomfim, Ivan. IV. Bittencourt, Maíra. V. Barcelos, Marcelo. VI. Bonito, Marco. VII. Vieira, Karine Moura.

21-59651   CDD-070.449004

Índices para catálogo sistemático:
1. Cibercultura: Jornalismo   070.449004

Cibele Maria Dias – Bibliotecária – CRB-8/9427

1ª edição, 2021.

Foi feito o depósito legal.

Informamos que é de inteira responsabilidade dos autores a emissão de conceitos.

Nenhuma parte desta publicação poderá ser reproduzida por qualquer meio ou forma sem a prévia autorização da Editora InterSaberes.

A violação dos direitos autorais é crime estabelecido na Lei n. 9.610/1998 e punido pelo art. 184 do Código Penal.

Sumário

6	*Prefácio*
11	*Apresentação*
13	*Como aproveitar ao máximo este livro*

Capítulo 01
17 Introdução aos contextos, às teorias e aos conceitos da cibercultura

20	A aurora cibernética das tecnologias da informação e comunicação
28	Códigos, meios, informação
33	Cibernética e sociedade
38	Da utopia de McLuhan à cibercultura positivista e à sociedade em rede
42	Revolução digital cibercultural

Capítulo 02
56 A cibercultura e a criação de conteúdos na *web*: *blogs*, produção amadora, cauda longa, *commons* e remix

58	Cultura remix
61	Os *commons*

63		O culto do amador
66		*Blogs*: entre o público e o privado
70		A teoria da cauda longa

Capítulo 03
78   Cultura de fãs e suas práticas na cultura digital
- 82   O fã e o *fandom* digital
- 87   Práticas de fãs

Capítulo 04
104   Comunidades virtuais, esfera pública e poderes da articulação na rede
- 105   Comunidades virtuais
- 109   Esfera pública virtual
- 116   Linguagem digital
- 120   Desterritorialização e identidade na era virtual
- 122   Mundo cíbrido

Capítulo 05
128   As "bordas estruturais" da cibercultura
- 130   Democracia digital
- 141   Vigilância e controle na internet
- 152   Midiatização e mediação
- 158   *Media literacy* e os limites da comunicação na internet
- 168   Tecnoutopia, tecnoapocalipse e tecnorrealismo

Capítulo 06
180 **O homem quer ser máquina. Mas e a máquina, quer ser homem? Uma fascinante (e perigosa) jornada na era dos robôs**

182 Encanto e temor: da literatura à realidade, a radicalização do homem-máquina

190 Entre virtualidades e extensões da humanidade conectada

198 Afinal, qual é o lugar das máquinas que "pensam"?

206 Cópias, avatares e máquinas que são nossa imagem

216 *Considerações finais*
218 *Referências*
236 *Respostas*
243 *Sobre os autores*

Prefácio

De forma mais acelerada, desde a segunda metade do século XX, especialmente em suas décadas finais, as distintas sociedades, em diferentes partes do mundo, passaram a experienciar uma série de novas possibilidades, se comparadas as vivenciadas até então, concernentes a suas maneiras de se comunicar, relacionar-se e, em última instância, de estar e mesmo ser um indivíduo, em um contexto mais geral. Estamos falando, então, dos avanços tecnológicos empregados em diversos processos, incluindo os comunicacionais, que culminaram na digitalização de uma variedade muito significativa de nossas experiências de vida.

Nessa direção, esta obra apresenta perspectivas diversificadas a respeito de múltiplos períodos históricos e dos fenômenos neles expressos, as quais refletem demarcações centrais de uma época muito recente, mas extremamente rica de fatos e desenvolvimentos referentes à presença e aos usos da tecnologia em âmbito social.

No primeiro capítulo, "Introdução aos contextos, às teorias e aos conceitos da cibercultura", Marco Bonito traz à discussão a trajetória do conceito de tecnologia. Para isso, parte da perspectiva articulada e afim à teoria matemática da comunicação, seguindo os processos necessários ao entendimento do conceito de informação, até as questões que relacionam cibernética e sociedade. Ademais, recorre às três leis da robótica para apresentar a perspectiva denominada *admirável história da sociedade da informação* e explica a ótica que contempla da utopia de McLuhan à cibercultura positivista e à sociedade em rede.

Ao traçar esse panorama das teorias da cibercultura, da cultura da convergência e da interface, o autor reflete a respeito das formas desenvolvidas para concretizar a revolução digital cibercultural. Ao final do capítulo, Bonito evoca discussões concernentes à internet das coisas e seus atores-rede, assim como as empreendidas pelo que chama de "primeiros artesãos(ãs) intelectuais da cibercultura brasileira", reflete criticamente sobre as redes sociais, buscando pontos de amparo para uma melhor compreensão das lógicas do ciberativismo e do interesse acerca do monitoramento de mídias sociais, e delineia um retrato panorâmico do *big bata*.

No segundo capítulo, "A cibercultura e a criação de conteúdos na *web*: *blogs*, produção amadora, cauda longa, *commons* e remix", Gabriela Zago aborda aspectos práticos relacionados à cibercultura, como a cultura remix, os *commons*, o culto do amador, os *blogs* e a teoria da cauda longa. A autora ressalta que esses conceitos, definidos e exemplificados ao longo do texto, são, na atualidade, parte do cotidiano dos indivíduos, no qual as diferentes expressões da tecnologia estão presentes. Zago esclarece que esses fenômenos, mesmo na perspectiva que os considera componentes de uma história bastante recente, já foram incorporados pela cibercultura.

No terceiro capítulo, "Cultura de fãs e suas práticas na cultura digital", Giovana Santana Carlos examina a realidade midiática atual também como expressão particular da cultura de fãs, colocando-a em evidência e possibilitando ao leitor conferir e compreender em detalhes algumas atividades específicas, a saber, *fanfiction*, *fanart*, *fanvideo* e traduções.

Ao apresentar tais produções, a autora concebe os fãs como consumidores-produtores, que normalmente agem de forma coletiva e colaborativa, apropriando-se dos textos midiáticos e moldando-os conforme seus interesses e suas aspirações. Ademais, Carlos indica a existência, nos dias de hoje, de um contato mais próximo e intenso entre fãs e indústrias culturais, da profissionalização dos fãs e da cooptação das práticas de fãs pelas indústrias.

No quarto capítulo, "Comunidades virtuais, esfera pública e poderes da articulação na rede", Maíra Bittencourt esclarece como distintos grupos relacionam-se por meio da comunicação a distância, trocando informações e experiências sobre assuntos de interesse comum. Nesse sentido, a autora enfatiza que esses grupos, cujos membros podem estar em localizações geográficas diferentes, unem-se e estabelecem vínculos nos espaços propiciados pela tecnologia. Bittencourt também levanta o debate a respeito da conformação da esfera pública, desde uma perspectiva mais clássica, quando os processos de digitalização ainda não se faziam presentes, até a participação e a reconfiguração de elementos diretamente atrelados à tecnologia e experenciados na atualidade.

No quinto capítulo, "As 'bordas estruturais' da cibercultura", Ivan Bomfim trata de temáticas que relacionam elementos "intrínsecos" e "extrínsecos" às lógicas desenvolvidas *no* e *pelo* domínio cibercultural. O autor reflete, no âmbito das discussões de temas como democracia, vigilância e controle, sobre os usos das tecnologias-midiático digitais, busca compreender processos relativos às dinâmicas de midiatização e mediação e à literacia midiática (*media literacy*), bem como analisa os limites dos processos comunicativos na internet.

No sexto capítulo, "O homem quer ser máquina. Mas e a máquina, quer ser homem? Uma fascinante (e perigosa) jornada na era dos robôs", Marcelo Barcelos indaga a respeito do impacto da inteligência artificial (IA) na era das máquinas que agem como humanos e no fascínio tecnicista que a sociedade pós-industrial alimenta em torno dos robôs. No texto, o autor discute aspectos envolvidos na multiplicidade de possibilidades que se desenvolvem por meio de considerações a respeito das relações homem-máquina, bem como aborda o desenvolvimento da cibercultura, especialmente a partir do anos 1970, considerando o surgimento da microinformática – caracterizada pelo nascimento do PC (*personal computer* – computador pessoal) e, nos anos subsequentes (1980 e 1990), do CC (*collective computer* – computador coletivo), "alusão às máquinas conectadas em rede, partilhando interações, códigos e informações em sincronicidade e velocidade cada vez maiores". Ainda, examina a criação, o aprimoramento e a inserção das redes sem fio e os dispositivos móveis como uma nova esfera de apropriação da cibercultura.

Assim, esta obra oferece ao leitor uma amplitude de elementos passíveis de reflexão em ambientes e configurações sociais permeados pelos avanços tecnológicos, como são as sociedades organizadas e em funcionamento nessas primeiras décadas do século XXI. Aqui, os processos comunicacionais digitais ganham destaque, e os autores, mediante um esforço de análise em conformidade com suas áreas de atuação e suas perspectivas de investigação, trazem compreensões possíveis sobre os aspectos mais históricos da configuração dos fenômenos até as manifestações cada vez mais fortes no cotidiano recente.

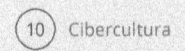

Graziela Soares Bianchi

Professora do Programa de Mestrado em Jornalismo na Universidade Estadual de Ponta Grossa (UEPG)

Coordenadora do Grupo de Estudos e Pesquisas em Mídias Digitais (Gemidi)

Apresentação

Pensar a cibercultura é mergulhar em um mundo construído, material e simbolicamente, pelos seres humanos. Nossas expectativas e nossas angústias, nossas esperanças e nossos medos refletem-se nessa realidade que criamos em correlação com máquinas, autômatos e sistemas digitais. Castelos de dados, cidades de informação, vidas em *bits* e *bytes*. Passamos do virtual ao real, sem escalas.

Conhecer os elementos constitutivos dessa inédita conjuntura, cuja base é a relação cada vez mais sinérgica entre tecnologia e vida humana, mostra-se, a cada dia, essencial. Não há como ignorar ou negar o impacto da digitalização em nosso presente e futuro, e a chave para entender o novo mundo que se descortina passa, de maneira decisiva, pela realidade "palpável" da virtualidade.

Nesse sentido, com esta obra, objetivamos proporcionar a você, leitor, um estudo que congrega perspectivas amplas e profundas sobre temas que compõem o universo da cibercultura. Ao longo destas páginas, abordamos teorias que guiam pesquisas da área, robótica, *big data*, ficção científica, comunicação *on-line*, democracia digital, linguagem, vigilância, circulação de dados, conteúdos gratuitos, produção coletiva, entre vários outros assuntos.

A discussão foi dividida em seis partes, que discorrem sobre: as teorias da cibercultura e seus contextos sócio-históricos (Capítulo 1); a cultura remix, os *blogs* e os *commons* (Capítulo 2); a cultura de fãs e suas práticas (Capítulo 3); as comunidades virtuais, o mundo cíbrido, a desterritorialização, bem como a identidade virtual e a esfera pública digital (Capítulo 4); a comunicação *on-line*, a literacia midiática, a democracia digital e a vigilância e o controle nesse âmbito (Capítulo 5); e, por fim, a robótica, a inteligência artificial, a relação homem-máquina e o tecnorrealismo (Capítulo 6).

Esses capítulos são assinados por pesquisadores que focalizam diferentes elementos, processos e fenômenos referentes à cultura proveniente da fusão entre a tecnologia e o cotidiano das pessoas, em um período temporal que engloba, especialmente, as últimas décadas do século XX e as primeiras do século XXI.

Esperamos que os textos deste livro lhe possibilitem o estudo e a análise das estruturas da dimensão cibercultural, fomentando reflexões e aplicações do conhecimento sobre essa emergente etapa da humanidade.

Como aproveitar ao máximo este livro

Empregamos nesta obra recursos que visam enriquecer seu aprendizado, facilitar a compreensão dos conteúdos e tornar a leitura mais dinâmica. Conheça a seguir cada uma dessas ferramentas e saiba como elas estão distribuídas no decorrer deste livro para bem aproveitá-las.

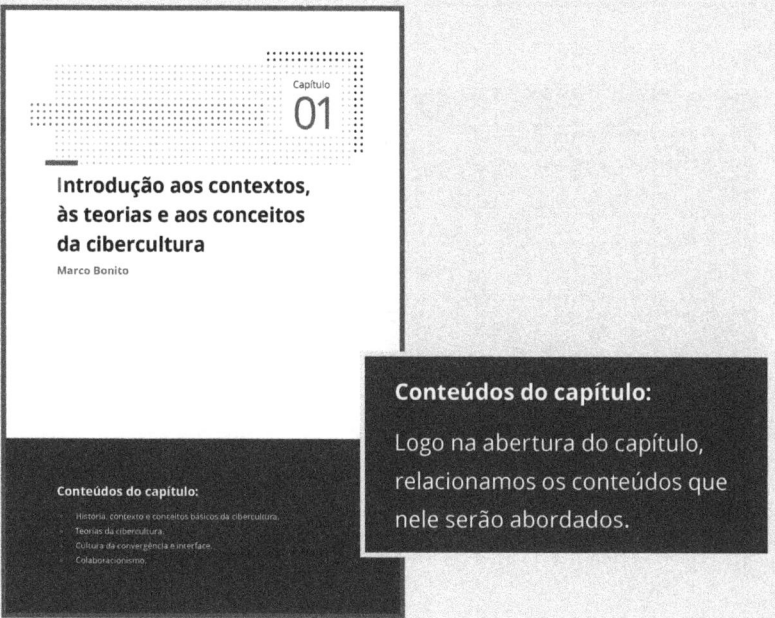

Conteúdos do capítulo: Logo na abertura do capítulo, relacionamos os conteúdos que nele serão abordados.

Ciberquitura

Após o estudo deste capítulo, você será capaz de:

1. compreender o constructo e a evolução da cibercultura;
2. identificar os principais conceitos e teorias da cibercultura;
3. entender os conceitos de sociedade da informação e sociedade em rede;
4. conhecer a cultura da convergência e da interface;
5. analisar as perspectivas das lógicas do ciberativismo e o monitoramento de redes sociais.

Após o estudo deste capítulo, você será capaz de:

Antes de iniciarmos nossa abordagem, listamos as habilidades trabalhadas no capítulo e os conhecimentos que você assimilará no decorrer do texto.

Para a compreensão dos conceitos, dos objetos e das teorias – formadas pela combinação destes últimos – relativos e associados à cibercultura, é necessário conhecer a gênese dessas ideias, técnicas e práticas culturais, os contextos de que provêm, os quais as tornam um constructo histórico, e seus principais personagens, bem como desconstruir e reconstruir pensamentos preestabelecidos acerca do tema. Por isso, neste capítulo, apresentaremos, de maneira introdutória, esses elementos que formam o signo daquilo que chamamos de *teorias da cibercultura* nos dias de hoje. Trilharemos uma odisseia do conhecimento, com o intuito de despertar seu interesse por aventuras intelectuais nesse universo, incentivando você a buscar entendimentos mais específicos e detalhados sobre cada um dos tópicos que abordaremos.

Antes de tudo, é fundamental sinalizarmos que, para apresentar algumas das personalidades marcantes dessa história, recorreremos a referências, indicadas em nota de rodapé, extraídas da

---

Cultura de fãs e suas práticas na cultura digital

Para saber mais

O vídeo apresenta a discussão sobre a profissionalização de fãs que, a partir de suas *fanfictions*, tornam-se escritores profissionais publicados por editoras e como a prática vem impactando o mercado literário.

A CULTURA de fãs e as fanfics. Editora Sinestesia, 27 nov. 2017. 10 min. Disponível em: <https://youtu.be/HHxVfrUCJNw>. Acesso em: 7 jun. 2020.

∴ **Fanart**

Como o nome sugere, *fanart* é a arte gráfica produzida por fãs, mediante o uso de materiais diversos, como lápis, tintas ou recursos digitais, e pode ser mera cópia de algo já existente (como a reprodução de um pôster de cinema) ou uma criação autoral inspirada na obra original. Essa prática precede a internet, é comumente encontrada em revistas especializadas e, assim como as *fanfics*, categorizada de múltiplas formas, englobando de uma única imagem estática a histórias em quadrinhos ou figuras animadas, como é o caso de GIFs. Ademais, a confecção de capas para *fanfictions*, citada anteriormente, pode configurar-se em *fanart*, por exemplo.

"Dentro dos *fandoms*, é importante destacar os grupos de pessoas – os chamados '*blenders*', produtores dessas artes – que

Para saber mais

Sugerimos a leitura de diferentes conteúdos digitais e impressos para que você aprofunde sua aprendizagem e siga buscando conhecimento.

Cibercultura

As "bordas estruturais" da cibercultura

Dito isso, há uma inevitabilidade acerca das discussões dos processos de digitalização da vida. Conquanto, em seu conjunto, as relações sociais (tanto em horizonte micro quanto macro) refletem as disputas entre distintas forças que interagem, é impossível projetar uma existência em sociedades nas quais há uma dissonância extrema entre possibilidades dentro do sistema. A divisa entre grupos que detêm poder para impor suas ideologias e suas demandas sobre aqueles desprovidos da mesma força tende a aumentar exponencialmente – é possível dizer que na mesma velocidade que os avanços tecnológicos.

Caso não haja uma transformação ampla das relações sociais e políticas (que passam fortemente pelo poderio econômico-financeiro), as projeções para o futuro dos seres humanos são especialmente sombrias. Os cenários distópicos tantas vezes apresentados em filmes e séries vão ganhando materialidade por meio da virtualidade, pois reside na utilização dos avanços tecnológicos o principal substrato de ampliação da desigualdade global. Seja em nome de governos, seja de empresas ou grupos sociais, as consequências da extrema diferença digital, em relação à posse ou à utilização, serão econômica, social e politicamente muito graves.

Estudo de caso

A ideia de que a rede mundial de computadores é um território livre, sem comandos, é verdadeiramente uma falácia. Há um amplo e efetivo controle referente ao acesso a conteúdos, uma situação

Estudo de caso

Nesta seção, relatamos situações reais ou fictícias que articulam a perspectiva teórica e o contexto prático da área de conhecimento ou do campo profissional em foco com o propósito de levá-lo a analisar tais problemáticas e a buscar soluções.

As "bordas estruturais" da cibercultura

sobre o significado da realidade sociotécnica, classificando ideias distintas como pontos de vista extremados (nomeando-os de *otimistas* ou *pessimistas*) e rejeitando "o que há de visionário ou de desmesura, desabonando opiniões divergentes, neutralizando-as no seu suposto excesso retórico".

Em perspectiva ampla, as filiações utópicas, apocalípticas e realistas sobre a cibercultura e o mundo que ela representa evidenciam ideologias, discursos e representações que conformam tanto os limites quanto as estruturações internas dessa nova dimensão da experiência humana. Os avanços e os cerceamentos interagem dialeticamente, sendo parte indissociável da expansão dos processos ciberculturais.

Síntese

Neste capítulo, discutimos algumas questões relativas ao que aqui denominamos *bordas estruturais* da cibercultura. Seguindo essa ideia, trouxemos questões que entremeiam a dimensão digitalizada da humanidade às dinâmicas dos campos social e político, de forma a ser possível analisar esse imbricamento. O que se torna cada vez mais claro é a junção entre diferentes lógicas na constituição de uma realidade que aponta para o incremento da complexidade contemporânea. Dos poucos prognósticos que podem ser feitos para curto, médio e longo prazos, está a certeza de que os seres humanos não serão mais os mesmos, tendo em perspectiva que a tecnologia atingiu a dimensão da sociabilidade de maneira incomensurável.

Síntese

Ao final de cada capítulo, relacionamos as principais informações nele abordadas a fim de que você avalie as conclusões a que chegou, confirmando-as ou redefinindo-as.

Cibercultura

Introdução aos contextos, às teorias e aos conceitos da cibercultura

Questões para revisão

1. Conforme Heidegger, a tecnologia compreende duas dimensões, uma estrutural e outra de viés antropológico. Nesse sentido, a tecnologia é:
   a) **apenas um "meio" para a concretização de um "fim".**
   b) a junção de instrumentos técnicos a desejos e propósitos humanos interdependentes e imanentes com base em causalidade.
   c) uma estruturação moderna que independe dos interesses humanos para se desenvolver.
   d) a expressão máxima do desenvolvimento da metafísica alemã.
   e) um processo maquínico e que transborda culturas, sociabilidades e métodos em função de aspectos como o grau de envolvimento dos atores sociais/agentes.

2. O matemático norte-americano Norbert Wiener é considerado o Pai da Cibernética, que pode ser entendida como:
   a) o estudo dos sistemas ciberculturais e ciberespaciais.
   b) a principal ciência no âmbito das *hard sciences*.
   c) o estudo sistemático das estruturas de conhecimento sociotécnico.
   d) a ciência que analisa a transformação das materialidades em sistemas digitalizados.
   e) o estudo dos sistemas automáticos, cuja origem pode ser biológica e/ou mecânica e/ou eletrônica.

Questões para revisão

Ao realizar estas atividades, você poderá rever os principais conceitos analisados. Ao final do livro, disponibilizamos as respostas às questões para a verificação de sua aprendizagem.

Introdução aos contextos, às teorias e aos conceitos da cibercultura

4. Para Jenkins (2009), por que as sagas audiovisuais do cinema, como *Star Wars* e *Matrix*, são exemplos de narrativas transmidiáticas?

5. Segundo Heidegger, a tecnologia é constituída por duas dimensões. Quais são elas e qual relação estabelecem entre si?

Questões para reflexão

1. Vimos, ao longo deste capítulo, um amplo mosaico de transformações relacionado à constituição da cibercultura. Essa nova etapa da organização humana – uma cultura não limitada a um único território, compartilhada por indivíduos ao redor do globo – é a expressão da tecnologização dos processos sociais e culturais ao longo das últimas décadas, marcadas por um contínuo processo denominado por Jenkins (2009) de *convergente*. O autor defende especialmente a necessidade de entender a convergência como dimensão cultural antes de compreendê-la como processo tecnológico. Acerca disso, explique a visão desse teórico.

2. A revolução digital cibercultural funda-se na ampla utilização de dispositivos digitais na sociedade contemporânea. O principal marco dessa nova era foi o uso comercial da internet, que teve início na década de 1990, a partir da criação da WWW pelo britânico Tim Berners-Lee. Nesse contexto, como podemos entender os conceitos de ciberespaço e cibercultura?

Questões para reflexão

Ao propor estas questões, pretendemos estimular sua reflexão crítica sobre temas que ampliam a discussão dos conteúdos tratados no capítulo, contemplando ideias e experiências que podem ser compartilhadas com seus pares.

Capítulo
01

Introdução aos contextos, às teorias e aos conceitos da cibercultura

Marco Bonito

Conteúdos do capítulo:

- História, contexto e conceitos básicos da cibercultura.
- Teorias da cibercultura.
- Cultura da convergência e interface.
- Colaboracionismo.

Após o estudo deste capítulo, você será capaz de:

1. compreender o constructo e a evolução da cibercultura;
2. identificar os principais conceitos e teorias da cibercultura;
3. entender os conceitos de sociedade da informação e sociedade em rede;
4. conhecer a cultura da convergência e da interface;
5. analisar as perspectivas das lógicas do ciberativismo e o monitoramento de redes sociais.

Para a compreensão dos conceitos, dos objetos e das teorias – formadas pela combinação destes últimos – relativos e associados à cibercultura, é necessário conhecer a gênese dessas ideias, técnicas e práticas culturais, os contextos de que provêm, os quais as tornam um constructo histórico, e seus principais personagens, bem como desconstruir e reconstruir pensamentos preestabelecidos acerca do tema. Por isso, neste capítulo, apresentaremos, de maneira introdutória, esses elementos que formam o signo daquilo que chamamos de *teorias da cibercultura* nos dias de hoje. Trilharemos uma odisseia do conhecimento, com o intuito de despertar seu interesse por aventuras intelectuais nesse universo, incentivando você a buscar entendimentos mais específicos e detalhados sobre cada um dos tópicos que abordaremos.

Antes de tudo, é fundamental sinalizarmos que, para apresentar algumas das personalidades marcantes dessa história, recorreremos a referências, indicadas em nota de rodapé, extraídas da

Wikipédia. A fim de não causar estranhamentos preconceituosos a respeito, justificamos essa opção como forma de homenagear a enciclopédia orgânica, que consideramos uma grande ideia advinda da cibercultura. Enfatizamos, ainda, que tivemos o cuidado de checar as informações e de usá-las apenas para colaborar com você, leitor(a). Isso não significa, contudo, que esses dados sejam o bastante; pelo contrário, são básicos e devem servir de estímulo para a pesquisa, contribuindo para a produção de sentido, a compreensão e a expansão das discussões que aqui promoveremos.

Focalizando novamente a odisseia que citamos há pouco, ela tem início onde nasce o **conceito de tecnologia**, logo mais ruma para a **teoria matemática da comunicação**, dobra uma esquina em direção ao **conceito de informação** e chega às **questões da cibernética e da sociedade**, desvendando **as três leis da robótica** e parando para abastecer na **admirável história da sociedade da informação**.

Embarcando nessa jornada, num mirante pelo caminho, nós, os viajantes, poderemos observar o horizonte **da utopia de McLuhan à cibercultura positivista e à sociedade em rede** e navegar pela **tecnosfera da sociedade em vias de midiatização**. Nesse ponto, estaremos aptos a conhecer **as teorias da cibercultura** e **a cultura da convergência e da interface**, bem como já teremos compreendido como ocorreu a **revolução digital cibercultural**. Já no trecho final, nos depararemos com **a internet das coisas e seus atores-rede** e, em seguida, visitaremos os primeiros artesãos(ãs) intelectuais da **cibercultura brasileira**. Mais adiante, faremos reflexões críticas sobre as **redes sociais**, para compreendermos as lógicas do **ciberativismo** e o interesse fetichista no **monitoramento de mídias sociais**, encerrando nossa trajetória com um retrato panorâmico do *big data*. Seja bem-vindo(a) a essa proposta de aventura intelectual! Bem-aventurado seja aquele(a) que trouxe sua toalha e se lembra disto: "não entre em pânico!" (Adams, 2004).

1.1
A aurora cibernética das tecnologias da informação e comunicação

A odisseia humana na Terra, desde os tempos ancestrais, é estimulada pelo caos, este sim o maior combustível para todas as inventividades que asseguram nossa sobrevivência e nossa existência como habitantes do planeta Terra. A sobrevivência, nos primórdios, era algo da ordem do real imediato; poucos seres humanos sobreviviam ao desconfortável e hostil caos cotidiano, decorrente das necessidades básicas relativas ao instinto de preservação saudável do corpo. A necessidade constante de se alimentar, proteger-se do frio ou do calor, tomar água, dormir em local seguro e se curar das doenças adquiridas são bons exemplos de *"bênçãos caóticas"*, como gostamos de chamar, que compeliram os seres humanos a sair das cavernas e descer das árvores para resolver problemas de primeira instância.

Nessa época, não sobrava muito tempo para o desenvolvimento da filosofia, bem como não se planejava o futuro para mais do que dali a alguns poucos dias, e o universo era compreendido apenas pela visão do horizonte observável. É possível afirmar que foram os tempos mais difíceis para todos os seres humanos já existentes, visto que não havia referencial, tradição, cultura e linguagem para dar suporte ao indivíduo ou ao grupo tribal ao qual pertencia. A sobrevivência era, então, resultado de uma série de tentativas, acertos e erros que geraram, ao longo do tempo, experiência cultural para construir aprendizados, estratégias etc. concernentes à garantia da subsistência e à autoproteção. Lembremos que não foram os mais fortes, mas sim os que melhor se adaptaram às diversas condições desfavoráveis, que sobreviveram e povoaram a biosfera, contrariando, assim, a lógica perversa da própria da natureza.

Embora o caos seja, costumeiramente, compreendido apenas de maneira negativa, em essência ele é fundamental para a continuidade e o progresso de todas as espécies vivas do planeta. Não fosse o caos a compelir nossos antepassados a entrarem nas cavernas para se proteger de predadores e das intempéries do clima, bem como a sair para caçar alimentos, ainda estaríamos catando piolhos, uns nos outros, embaixo de alguma árvore por aí ou sentados no entorno de uma fogueira, observando as próprias sombras. Não descartamos que isso possa ser bom em alguma medida, mas certamente seria pouco para o potencial intelectual humano, diante dos diversos neurônios, sinapses e condições cognitivas de que dispomos.

Entre as variadas espécies de hominídeos desse período, a que mais nos interessa aqui é a do *Homo habilis*[1], uma vez que nos ajuda a compor o contexto de nossa odisseia pela história da tecnologia e a entender os conceitos da cibercultura influenciada por ela. Os "hominídeos hábeis" foram os primeiros seres humanos a desenvolver tecnologia e a usá-la de maneira cultural em sociedade. Esse fato os destaca na escala evolutiva não apenas por sua aptidão para confeccionar ferramentas, feitas de ossos, madeira e pedras lascadas, mas, principalmente, por sua aprendizagem mimética em grupo, bem como pelo aperfeiçoamento e pela perpetuação contínuos de suas técnicas.

As habilidades humanas provêm de técnicas, podendo ter origens distintas e ser fruto de um processo ordenado (com método) ou de simples acaso (sem método). Quando ordenados e registrados de alguma maneira, os processos tornam-se culturais e permitem a interação social entre os entes de uma comunidade, viabilizando a aprendizagem por repetição coletiva. Isso foi determinante para que os seres humanos se organizassem socialmente, desenvolvessem inteligências e sabedorias coletivas em prol da sobrevivência do maior número de seres possível dentro do grupo, em virtude da

---

[1] "O *H. habilis* recebe esse nome porque se acreditava que foi o primeiro a utilizar ferramentas de pedra lascada, o que lhe valeu o nome específico: *habilis*, o habilidoso. Entretanto, alguns fósseis de *Australopithecus garhi*, que datam de aproximadamente 2.6 milhões de anos, foram encontrados ao lado de ferramentas de pedra entre 100.000 a 200.000 anos mais antigas que os *H. habilis*. Os *H. habilis* normalmente faziam suas ferramentas de ossos, madeira e, principalmente, pedra lascada. Atualmente, a maioria dos cientistas considera que o *H. habilis* é um dos ancestrais diretos do homem moderno, mas esta opinião não é consensual. A própria classificação desta espécie, bem como a do *H. rudolfensis*, no gênero *Homo* tem sido muito discutida nos dias atuais" (Homo habilis, 2020).

preservação individual. Nesse sentido, os hominídeos hábeis foram os primeiros seres humanos a desenvolver processos tecnológicos, tecnologias, e a transmiti-los culturalmente adiante, o que permitiu o aprimoramento técnico ao longo do tempo.

A origem etimológica da palavra e do conceito de *tecnologia* tem raiz grega, composta pelas palavras τεχνη (técnica, arte, ofício) e λογια (estudo/conhecimento), ou seja, em tradução livre: "o estudo/conhecimento da técnica/arte/ofício" (Tecnologia, 2021). Não importa se a técnica e a matéria-prima são manufaturadas ou produto de maquinário automatizado natural ou eletronicamente, analógico ou digital, todo estudo ou registro de processo sobre uma técnica, de qualquer ordem, pode ser considerado uma tecnologia.

É importante ressaltarmos que, desde a Antiguidade, esse recurso sempre desempenhou um papel significativo nas diversas transformações sociais, culturais e políticas. Não por acaso e muito em razão disso, assim que a filosofia se tornou possível ao ser humano (no sentido de ter dominado as lógicas fundamentais para sobrevivência a longo prazo), a tecnologia foi problematizada em várias vertentes de pensamento distintas, sob perspectivas próprias dos indivíduos pensantes, em tempos sociais diferentes. Desse modo, foi compreendida, por exemplo, sob uma ótica mais simplista, como uma forma instrumental e funcional de representação das atividades humanas, e até mesmo como outra dimensão, como entendeu o filósofo alemão Martin Heidegger[2], para quem a tecnologia não pode ser resumida a uma mera instrumentalidade; afinal, sua essência, para esse filósofo, não pode ser explicada em termos propriamente tecnológicos (Rüdiger, 2006).

Para Heidegger (citado por Rüdiger, 2006), a tecnologia contém, além da dimensão instrumental, uma antropológica, constituída por desejos e propósitos humanos interdependentes e imanentes a partir da causalidade, mas não apenas como "meio" para um "fim". Nessa perspectiva, a tecnologia pode ser compreendida como produto de um processo humano que transborda culturas, sociabilidades e métodos em função da matéria-prima, da forma do objeto e do propósito e grau de envolvimento de cada ator social/agente no desenvolvimento tecnológico de qualquer ideia ou artefato (Edgar; Sedgwick, 2003). Em complemento a isso, entendemos aqui que qualquer ideia é uma forma de tecnologia produzida pelo complexo sistema biológico humano.

Partícipes desse debate, é essencial que nós, brasileiros, reconheçamos a importante e incomparável contribuição científica que o professor e filósofo Álvaro Vieira Pinto legou ao país, com sua vasta, profunda e epistemológica produção a respeito do conceito de tecnologia sob a ótica de quem é atingido pela avalanche do "desenvolvimento tecnológico" de maneira ideológica em virtude

---

2 "Martin Heidegger (Meßkirch, 26 de setembro de 1889 – Friburgo em Brisgóvia, 26 de maio de 1976) foi um filósofo, escritor, professor universitário e reitor alemão. Foi um pensador seminal na tradição continental e hermenêutica filosófica, e é 'amplamente reconhecido como um dos filósofos mais originais e importantes do século XX'" (Martin Heidegger, 2019).

de um sistema socioeconômico e geopolítico mundial regido por grandes potências econômicas.

Em sua obra *O conceito de tecnologia* (Pinto, 2005) – volumes I e II –, esse pensador problematiza a tecnologia sob a perspectiva da filosofia e detalha, com profundo conhecimento, todas as vertentes de pensamento relativas ao tema – da época (1950 a 1974) em que o Brasil assumiu uma postura econômica progressista, a chamada *era desenvolvimentista*, do positivismo ufanista nacional e do desejo de ser o país do futuro, o grande celeiro do mundo. Também aponta ser um ledo engano conceber a contemporaneidade como o momento histórico de maior desenvolvimento tecnológico da história da humanidade. Essa má impressão, segundo ele, decorre da sensação de que os artefatos existentes, seus usos e suas apropriações culturais representam o auge do progresso tecnológico humano, numa forma avançada jamais alcançada anteriormente. Esse deslumbre tecnológico integra uma construção cultural coletiva que fortalece o discurso ideológico que busca evidenciar quem detém o conhecimento técnico contemporâneo e quem está submisso a ele. Isso é, no entanto, um erro bastante comum, dado que, em tempos anteriores, a tecnologia atual desempenhou o mesmo papel. Trata-se, portanto, de um paradoxo.

O trabalho de Vieira Pinto tem o mérito de ser a única obra do gênero produzida por um filósofo brasileiro, que se propôs a examinar a "era tecnológica" com base nos efeitos causados em sociedades em vias de desenvolvimento, como era (e ainda é) o caso do Brasil. Essa compreensão ímpar oferece condições para desmontar o conceito de tecnologia proposto pelos filósofos europeus ou norte-americanos – cujos modelos mentais foram forjados em países detentores das lógicas técnicas e, por conseguinte, reconhecidos como "desenvolvidos" –, a fim de, com isso, favorecer uma visão menos deslumbrada e mais cética da tecnologia.

Para o referido teórico, a "era tecnológica" abriga um forte e eminente sentido ideológico embutido e travestido em artefatos e ideais da modernidade. Essa ideologia procura converter a obra técnica em valor moral, para dar tons de superioridade à nação inventora e detentora dessas lógicas, a fim de que ela seja reconhecida, respeitada, temida e admirada por seus feitos incríveis, como afirma o autor:

> Com esta cobertura moral, a chamada civilização técnica recebe um acréscimo de valor, respeitabilidade e admiração, que, naturalmente, reverte em benefício das camadas superiores, credoras de todos esses serviços prestados à humanidade, dá-lhes a santificação moral afanosamente buscada, que, no seu modo de ver, se traduz em maior segurança. (Pinto, 2005, p. 41)

Essa pressuposta "segurança" diz respeito à pretensa condição de supremacia que as nações desenvolvidas projetam em relação às demais, conquistada por intermédio de uma longa narrativa composta por fatos, reais ou ficcionais, que enaltecem seu domínio tecnológico e subjugam as culturas tecnológicas de outros territórios e tempos sociais.

Por isso, não foi arbitrário o fato de a maior criação de novas tecnologias em todos os tempos ter se concentrado nos períodos entre o pré e o pós-grandes guerras. No século XX, isso ficou mais evidente devido à propaganda de guerra que os meios de comunicação de massa (jornais, revistas, panfletos, cinema, rádio e TV) distribuíram antes, durante e depois da Primeira e Segunda Guerras Mundiais. A Guerra Fria e a Corrida Espacial, entre Estados Unidos e União Soviética, são bons exemplos de como as propagandas explícitas e implícitas sobre o desenvolvimento tecnológico – que possibilitou a conquista da estratosfera, da atmosfera e, em seguida, a chegada do homem à Lua – eram motivadas principalmente pela gana de demonstrar, simbolicamente, maior potencial tecnológico, como fruto de uma organização social que pudesse servir ideologicamente de modelo político-econômico ao restante do mundo.

Nessa época, coube ao Brasil, como nação em desenvolvimento que, historicamente, exporta matéria-prima bruta por valores baixos e importa tecnologia de ponta por valores altos, assistir resignadamente a toda essa narrativa de empoderamento tecnológico, ciente de seu papel de colônia de exploração e de consumo – papel bastante satisfatório aos países que visam alcançar, em detrimento da autonomia dos demais, a soberania por meio de constrangimento tecnológico.

Dessa maneira, ante o exposto, podemos considerar que o conceito de tecnologia está intimamente ligado à capacidade de organização de processos técnicos que, a partir de ideias e matérias-primas, transformam-se em artefatos instrumentais tecnológicos com características humanas, cujos usos e apropriações são essencialmente ideológicos.

1.2
Códigos, meios, informação

Para compreendermos o potencial comunicacional da tecnologia, ou sua virtualidade[3], é importante entendermos, antes, a relação intrínseca entre os códigos, os meios de comunicação e a formação da linguagem estruturada. Para isso, nesta seção, recorreremos à história da teoria matemática da comunicação.

Todo o universo do ciberespaço, conceito de que trataremos mais adiante, bem como toda revolução digital de que se tem conhecimento, tem sua gênese nos estudos e nas pesquisas de doutorado do pesquisador norte-americano Claude Shannon[4], que geraram a teoria matemática da comunicação em 1948. Sua tese, publicada inicialmente como monografia pela Universidade de Illinois, foi ampliada por comentários do pesquisador e colega Warren Weaver[5] (Mattelart; Mattelart, 1999). Ambos haviam trabalhado, concomi-

•••••

3   A virtualidade é entendida aqui com base no conceito de *virtual* de Pierre Lévy (1999); considera-se a potência do objeto em relação à sua realidade objetiva.
4   "Claude Elwood Shannon (30 de abril de 1916 – 24 de fevereiro de 2001) foi um matemático, engenheiro eletrônico e criptógrafo estadunidense, conhecido como 'o pai da teoria da informação'. [...] Shannon é famoso por ter fundado a teoria da informação com um artigo publicado em 1948. Mas a ele também é creditada a fundação tanto do computador digital quanto do projeto de circuito digital em 1937, quando, com 21 anos de idade e mestrando no MIT, escreveu uma tese demonstrando que uma aplicação elétrica utilizando álgebra booleana poderia resolver qualquer problema de lógica. Tem-se dito que foi a tese de mestrado de mais importância de todos os tempos. Shannon contribuiu para o campo da criptoanálise durante a Segunda Guerra Mundial" (Claude Shannon, 2020).
5   "Warren Weaver (Reedsburg, Wisconsin, 17 de julho de 1894 – New Milford, Connecticut, 24 de novembro de 1978) foi um matemático estadunidense. Coautor do livro *Teoria Matemática da Comunicação* (*The Mathematical Theory of Communication*), publicado em 1949 juntamente com Claude Shannon. Por sua forma acessível também a não especialistas, este livro reimprimiu e popularizou os conceitos de um artigo científico de Shannon publicado no ano anterior, intitulado *Teoria Matemática da Comunicação* (*A Mathematical Theory of Communication*)" (Warren Weaver, 2013, grifo do original).

tantemente, durante a Segunda Guerra Mundial, em projetos de pesquisa sobre "grandes máquinas de calcular", especialmente no setor de criptografia.

Dez anos antes, em 1938, em sua dissertação de mestrado, Shannon já havia chamado a atenção do universo acadêmico quando descreveu a "combinação perfeita entre a mudança eletrônica de circuitos e a matemática do gênio britânico do século XIX George Boole[6]. Shannon mostrou que um simples circuito eletrônico podia executar todas as operações da lógica simbólica de Boole" (Haven, 2008, p. 264). Acerca disso, é importante e interessante saber que a álgebra booleana criou a aritmética binária 70 anos antes de Shannon conseguir provar o que Boole já havia teorizado. Ou seja, que, numa linguagem binária, todas as interpretações dos algarismos 0 e 1, no sistema lógico, podem ser a representação simbólica do nada/vazio/ausência/negativo e do tudo/universo/presença/positivo.

Contudo, a parte mais significativa do trabalho de Shannon não foi a contribuição para decodificar dados durante a Segunda Guerra, mas a tentativa de resolver uma questão bastante trivial, que ainda não havia sido devidamente problematizada e respondida por seus colegas pesquisadores: Afinal, o que seria exatamente uma informação?

---

6   "George Boole (Lincoln, 2 de novembro de 1815 – Ballintemple, 8 de dezembro de 1864) foi um matemático, filósofo britânico, criador da álgebra booleana, fundamental para o desenvolvimento da computação moderna" (George Boole, 2018).

Por mais estranho que isso possa parecer, até 1948 o conceito de *informação* ainda não fora definido cientificamente. Até então, o termo era comumente tratado, no âmbito filosófico, por conceitos abstratos que não haviam colaborado diretamente para o desenvolvimento da informática e do processamento de dados. Ao problematizar, teorizar e comprovar, em suma, que a informação era tudo aquilo que reduzia a incerteza dos sistemas, Shannon abriu uma gama de possibilidades e de descobertas. Muitas áreas científicas passaram a usar sua definição sobre informação para o desenvolvimento de pesquisas nos mais diversos âmbitos, desde a biologia, a filosofia, a pedagogia, a física, a química e a medicina, chegando à engenharia computacional dos sistemas informáticos e, não por acaso, nas últimas duas décadas, às ciências sociais aplicadas, especificamente à comunicação social. Não obstante isso, não se pode esquecer o caráter militar implícito em seu trabalho, em meio à Segunda Guerra Mundial, ainda que de maneira velada, uma vez que seus estudos foram fundamentais para a codificação e a decodificação de mensagens interceptadas, bem como ajudaram a aprimorar a capacidade informática dos primeiros computadores eletrônicos digitais no pós-guerra.

O conceito de informação de Shannon deriva de uma pergunta-problema neste sentido: "como fazer circular o máximo possível de mensagens, num tempo mínimo, sem perda de informações significativas?" (Maigret, 2010, p. 130). Isso o inspirou – tendo como norte os trabalhos de Alan Turing[7] e John von Neumann[8] – a buscar uma solução para os constantes "ruídos" nas mensagens transmitidas nas linhas telefônicas da Bell Telephone Laboratories, nos Estados Unidos. Em seu esforço, deparou-se com o seguinte dilema: Como identificar e distinguir "informação" e "ruído" em cada uma das mensagens? – tendo em vista que, se não fosse possível identificar e classificar o que era uma coisa ou outra, o problema seria insolúvel. Assim, Shannon dedicou-se, primeiramente, a conceituar informação e, por lógica dedutiva, concluiu que tudo o que não o fosse, numa mensagem, seria, então, "ruído".

---

7   "Alan Mathison Turing [...] (Paddington, Londres, 23 de junho de 1912 – Cheshire East, Cheshire, 7 de junho de 1954) foi um matemático, lógico, criptoanalista e cientista da computação britânico. Foi influente no desenvolvimento da ciência da computação e na formalização do conceito de algoritmo e computação com a máquina de Turing, desempenhando um papel importante na criação do computador moderno. Foi também pioneiro na inteligência artificial e na ciência da computação. É conhecido como o pai da computação. [...] A homossexualidade de Turing resultou em um processo criminal em 1952, pois atos homossexuais eram ilegais no Reino Unido [...] e ele aceitou o tratamento com hormônios femininos e castração química, como alternativa à prisão. Morreu em 1954, algumas semanas antes de seu aniversário de 42 anos, devido a um aparente autoadministrado envenenamento por cianeto, apesar de sua mãe (e alguns outros) terem considerado sua morte acidental. Em 10 de setembro de 2009, após uma campanha de internet, o primeiro-ministro britânico Gordon Brown fez um pedido oficial de desculpas público, em nome do governo britânico, devido à maneira pela qual Turing foi tratado após a guerra. Em 24 de dezembro de 2013, Alan Turing recebeu o perdão real da rainha Elizabeth II, da condenação por homossexualidade" (Alan Turing, 2019).
8   "John von Neumann, nascido Margittai Neumann János Lajos (Budapeste, 28 de dezembro de 1903 – Washington, D.C., 8 de fevereiro de 1957) foi um matemático húngaro de origem judaica, naturalizado estadunidense. Contribuiu na teoria dos conjuntos, análise funcional, teoria ergódica, mecânica quântica, ciência da computação, economia, teoria dos jogos, análise numérica, hidrodinâmica das explosões, estatística e muitas outras as áreas da matemática. De fato é considerado um dos mais importantes matemáticos do século XX. [...] Foi professor na Universidade de Princeton e um dos construtores do ENIAC. Entre os anos de 1946 e 1953, Von Neumann integrou o grupo reunido sob o nome de Macy Conferences, contribuindo para a consolidação da teoria cibernética junto com outros cientistas renomados" (John von Neumann, 2018).

Estava criada a linguagem binária, formada por apenas dois dígitos que simbolizam o "tudo" e o "nada", o "ligado" e o "desligado", representados matematicamente pelo "zero" (nada) e pelo "um" (tudo). Embora hoje a percepção disso seja bastante simples de compreender, à época (1935-1948) a ideia vaga e de senso comum sobre o termo *informação* impedia o desenvolvimento da era da informática.

Identificado o que era a informação (tudo) nas transmissões telefônicas, também foi possível reconhecer o "ruído" (nada), permitindo mensurar a quantidade e a qualidade do sinal emitido e recebido pelo meio de comunicação através da tensão elétrica. Ainda que embasado numa ideia comunicacional bastante funcionalista e mecanicista, o modelo serviu como catalisador para outros tantos projetos científicos e deu início à chamada *era digital*. O código indo-arábico foi o escolhido para representar o tudo (1) e o nada (0) informativo em sua menor porção: o *bit* (*binary digit*). Assim, amparado pela álgebra booleana, para a computação informática foi criado um sistema de código binário computacional, capaz de representar todas as informações por meio de apenas dois números; e isso ainda é usado para a alocação de informações em computadores, em blocos de oito *bits*, que é o equivalente a um *byte* (*binary term*).

É importante ressaltar que a definição de informação proposta por Shannon, como bem lembrou Mattelart (2002, p. 63) em *História da sociedade da informação*, é "estritamente física, quantitativa, estatística. Trata-se sobretudo de 'quantidades de informação'. Ela não leva em conta a raiz etimológica da informação, que denota um processo que dá forma ao saber graças à estruturação de fragmentos de saber".

No âmbito matemático, a descoberta da informação física e quantificável mudou os rumos das ciências exatas e biológicas – a Corrida Espacial (1957-1975) durante a Guerra Fria e a descoberta da estrutura do ácido desoxirribonucleico (DNA) (1953) são bons exemplos disso. Porém, no que tange à comunicação social, a teoria matemática da comunicação foi considerada deveras funcionalista, estimulando novas dimensões de pesquisa no âmbito dos estudos culturais, para tornar possível reconhecer a importância das mediações e das apropriações das mensagens por parte dos receptores e, dessa forma, perceber que estes não são um simples ponto final passivo no processo comunicacional. Para entender isso, primeiramente examinaremos como a rede de informações em escala global estruturou-se a partir de sua gênese cibernética.

1.3
Cibernética e sociedade

O matemático norte-americano Norbert Wiener[9] ficou conhecido como o pai da ciência cibernética, e esta, por sua vez, como a ciência

- - - - -

9   "Norbert Wiener (Columbia (Missouri), 26 de novembro de 1894 – Estocolmo, 18 de março de 1964) foi um matemático estadunidense, conhecido como o fundador da cibernética. Graduou-se em matemática aos 14 anos e recebeu o doutorado em lógica aos 18 anos de idade. [...] Entre os anos de 1946 e 1953 integrou o grupo reunido sob o nome de Macy Conferences, contribuindo para a consolidação da teoria cibernética junto com outros cientistas renomados: Arturo Rosenblueth, Gregory Bateson, Heinz von Foerster, John von Neumann, Julian Bigelow, Kurt Lewin, Lawrence Kubie, Lawrence K. Frank, Leonard Jimmie Savage, Margaret Mead, Molly Harrower, Paul Lazarsfeld, Ralph Waldo Gerard, Walter Pitts, Warren McCulloch e William Ross Ashby; além de Claude Shannon, Erik Erikson e Max Delbrück" (Norbert Wiener, 2017).

das ciências, por reunir conhecimentos de áreas distintas e inspirar tantas outras a empreender novas pesquisas e descobertas que colaboraram diretamente para o progresso científico.

Podemos entender a cibernética como o estudo dos sistemas automáticos, cuja origem pode ser biológica e/ou mecânica e/ou eletrônica. Quanto a Wiener, o matemático estadunidense esteve associado ao pensamento e às descobertas de Shannon acerca da informação. Ambos os teóricos trabalharam para o governo dos Estados Unidos durante a Segunda Guerra Mundial, contexto em que Wiener se empenhou na invenção de uma mira automática para armas acertarem um alvo móvel. Seu interesse pelo controle de informações em sistemas de máquinas a vapor o levou a desenvolver as primeiras teorias da cibernética, publicadas em livro homônimo em 1948.

Contudo, foi em 1954 que ele consagrou a maturidade de sua pesquisa ao publicar o livro *Cibernética e sociedade: o uso humano de seres humanos*, no qual destaca que os sistemas de informação dos autômatos mecânicos não biológicos (robôs) necessitariam apresentar habilidades e competências semelhantes às dos seres humanos, no controle de suas próprias atividades (Wiener, 1954). Como pontuamos anteriormente, essa afirmação parece trivial hoje em dia, mas, à época, foi crucial para o desenvolvimento dos computadores eletrônicos e inaugurou a era da informática.

O termo *cibernética* foi cunhado por Wiener (1954), pois, até então, não havia uma palavra específica para abarcar o significado do complexo de ideias de vários campos do conhecimento. Para isso, ele recorreu à palavra grega *kubernetes*, ou "piloto"; além disso, *cibernética* deriva etimologicamente da palavra *governador*. Essa combinação de significados é muito interessante e fundamental para a compreensão do contexto da cibercultura em meados de 2019.

Conceitualmente, a cibernética parte do pressuposto de controlar informações, e o piloto ou o governador representam aqui a pessoa capaz de domar o caos informativo, de organizar e identificar seus fluxos para gerenciar o sistema em função daquilo que se entendia à época como *comunicação*.

Wiener profetizou, em exercício de futurologia, logo nas primeiras páginas do referido livro, algo que se concretizaria a partir do aumento da relação entre seres humanos e máquinas:

> A tese deste livro é a de que a sociedade só pode ser compreendida através de um estudo das mensagens e das facilidades de comunicação de que disponha; e de que, no futuro desenvolvimento dessas mensagens e facilidades de comunicação, as mensagens entre o homem e as máquinas, entre as máquinas e o homem, e entre a máquina e a máquina, estão destinadas a desempenhar papel cada vez mais importante. (Wiener, 1954, p. 16)

Embora o entendimento a respeito do que é comunicação fosse ainda extremamente funcionalista, sua percepção sobre o contexto e o desenvolvimento sócio-informático subsequentes era precisa. As relações sistêmicas de interação mediadas por computadores ou dispositivos (Primo, 2007) ampliaram e potencializaram as capacidades de comunicação, não apenas entre os seres humanos, mas também entre as próprias máquinas, por meio do desenvolvimento da inteligência artificial e da expansão das bases de dados que formam o *big data*.

Para o sociólogo francês Dominique Wolton[10], diferentemente do que afirmam outros pensadores, estamos na era da incomunicação, reiterando já no título de sua obra que "informar não é comunicar" (Wolton, 2010). Esse paradoxo comunicacional ocorre ante a globalização e o dilúvio de informações prescrito pelo filósofo e sociólogo tunisiano Pierre Lévy (1999) e a virtual indexação, organização e publicização de toda a produção de informação digital existente no planeta, por meio de sistemas informáticos robóticos, como o Google[11] (Wolton, 2010).

Para Wolton (2010), as teorias da comunicação que profetizaram a melhora da comunicação em virtude do avanço tecnológico falharam miseravelmente. Os teóricos integrados[12], eufóricos com a possível amplitude quantitativa do acesso às informações, não anteviram que, quanto mais informação, menos qualidade na comunicação. Podemos conferir, empiricamente, que nunca a humanidade acumulou tantas informações, com a possibilidade de resgatá-las e compartilhá-las de maneira tão fácil e ágil, como neste início do

---

10 "Dominique Wolton (Duala, 26 de abril de 1947) é um sociólogo francês, especialista em Ciências da Comunicação. Seus temas de estudo incluem mídias, espaço público e comunicação política. É diretor de pesquisa do Centre national de la recherche scientifique, onde coordena o Laboratório de Informação, Comunicação e Implicações Científicas" (Dominique Wolton, 2018).
11 Em 2019, era o sistema de busca de informações mais importante do mundo. Era também a principal subsidiária do *pool* de empresas da Alphabet Inc., maior organização do ramo de tecnologia do mundo, bem como o *site* mais visitado segundo o *ranking* da Alexa.
12 Em referência ao livro *Apocalípticos e integrados* (Eco, 2011).

século XXI. Entretanto, o crescente acúmulo de informações não se traduziu em aumento de conhecimentos significativos, capazes de, por exemplo, transformar a qualidade de vida da humanidade de maneira geral. Além disso, também não melhorou a relação entre os seres humanos e as máquinas.

O escritor russo Isaac Asimov[13] é um dos raros casos em que um autor de literatura ficcional muito influenciou, por meio de suas narrativas, o desenvolvimento científico e os estudos acadêmicos. Ele é reconhecido como o inventor das três leis da robótica, adotadas por cientistas como preceitos éticos para a configuração da programação moral de robôs e/ou autômatos. Essas leis são como dogmas para o comportamento das máquinas programadas pelos seres humanos, são elas:

> 1ª Lei: Um robô não pode ferir um ser humano ou, por inação, permitir que um ser humano sofra algum mal.
>
> 2ª Lei: Um robô deve obedecer às ordens que lhe sejam dadas por seres humanos, exceto nos casos em que entrem em conflito com a Primeira Lei.
>
> 3ª Lei: Um robô deve proteger sua própria existência, desde que tal proteção não entre em conflito com a Primeira e Segunda Leis. (Leis da robótica, 2020)

---

13 "Isaac Asimov ([...] Petrovichi, Rússia Soviética, atual Rússia, 2 de janeiro de 1920 – Brooklyn, 6 de abril de 1992) foi um escritor e bioquímico norte-americano, nascido na Rússia, autor de obras literárias de ficção científica e divulgação científica" (Isaac Asimov, 2020).

Podemos perceber que essas leis promovem sempre a preservação da espécie humana sobre a máquina. No entanto, ao observarmos as relações cibernéticas entre esses entes nos diversos âmbitos sociais, constatamos que estas são desequilibradas, nas quais o ser humano apresenta-se como um neoescravo do tecnicismo e, de maneira geral, submisso às lógicas maquínicas. Programamos as máquinas para que elas nos dominem e nos preservem, algo paradoxal, mas esse é o retrato da cultura advinda dessa histórica relação.

1.4
Da utopia de McLuhan à cibercultura positivista e à sociedade em rede

Não é de estranhar que o fato de estarmos na era da "sociedade da informação" (Mattelart, 2002) tenha nos levado, também, à era do vigilantismo, como já havia anunciado Mattelart. Em livro publicado no início deste século, ele alertou para o fato de que o governo norte-americano, por meio da National Security Agency (NSA), criara um sistema de vigilância capaz de interceptar mensagens trocadas por quaisquer meios de comunicação existentes e que isso acontecia impunemente, travestido como forma de promover a "segurança social". Nesse sentido, o medo e a insegurança, cabe enfatizar, são usados corriqueiramente como argumentos para a quebra de sigilos de mensagens particulares, para servir, inclusive, aos interesses comerciais dos Estados Unidos (Mattelart, 2002, p. 146-147).

Por mais assustador que isso possa parecer, ou seja, um governo de um país estrangeiro ter acesso às informações privadas de políticos, indivíduos ou empresas, tal situação ocorreu recentemente no Brasil, colocando em risco a soberania do país, e foi denunciada em reportagens. Isso ficou mais evidente a partir de 2013, momento em que o Brasil se apresentou como um novo e poderoso *player* no mercado petrolífero mundial, com a descoberta inédita da capacidade de exploração de petróleo da camada de pré-sal e com o vazamento de informações do caso WikiLeaks[14].

Em uma das reportagens da BBC sobre o tema, a manchete era a seguinte: "EUA espionaram Petrobras, dizem papéis vazados por Snowden" (EUA..., 2013), e a principal fonte entrevistada era o ex-agente e funcionário da NSA Edward Snowden, que ficou conhecido pela divulgação do WikiLeaks, isto é, o vazamento de informações sobre os procedimentos antiéticos da NSA. Dois anos mais tarde, em julho de 2015, às vésperas do *impeachment* da presidenta Dilma Rousseff, o G1, o maior portal de notícias brasileiro, publicou a seguinte matéria: "EUA grampearam Dilma, ex-ministros e avião presidencial, revela WikiLeaks" (EUA..., 2015). Todo esse imbróglio diplomático, somado aos escândalos de corrupção do Partido dos Trabalhadores (PT), do qual a presidenta fazia parte, às informações privilegiadas coletadas e aos conchavos políticos, ajudaram na construção de um discurso midiático hegemônico, o que colaborou para o *impeachment* com o aval de grande parte da população brasileira.

•••••

14 "WikiLeaks é uma organização transnacional sem fins lucrativos, sediada na Suécia, que publica, em sua página, postagens de fontes anônimas, documentos, fotos e informações confidenciais, vazadas de governos ou empresas, sobre assuntos sensíveis. [...] Ao longo de 2010, WikiLeaks publicou grandes quantidades de documentos confidenciais do governo dos Estados Unidos, com forte repercussão mundial. [...] Em 2 de fevereiro de 2011, o WikiLeaks foi indicado ao Prêmio Nobel da Paz pelo parlamentar norueguês Snorre Valen. O autor da proposta disse que o WikiLeaks é 'uma das contribuições mais importantes para a liberdade de expressão e transparência' no século XXI" (WikiLeaks, 2019).

Esse exemplo do WikiLeaks permite identificar duas coisas: (1) há uma guerra cibernética fria acontecendo desde o final da Segunda Guerra Mundial; (2) o poder é de quem tem acesso às mensagens. Podemos, principalmente, reconhecer que os processos comunicacionais, se apropriados de maneira indevida e antiética, podem gerar distopias para dissimular a realidade, tal como os escritores britânicos George Orwell (2006) e Aldous Huxley (2001) descreveram e profetizaram, respectivamente, em *1984* e *Admirável mundo novo*. Isso não é de hoje, ocorre há tempos, desde os primeiros impérios, mas sempre em nome dos interesses escusos de países (impérios) que historicamente exploram riquezas oriundas de países (territórios) que, também historicamente, são explorados e encontram-se em eterna busca por um utópico e inalcançável desenvolvimento socioeconômico e político digno, que poderia garantir o fim da desigualdade social e promover, por conseguinte, a desejada justiça social.

É certo que, após o advento dos meios de comunicação de massa eletrônicos, as trocas de experiências entre os seres humanos e as máquinas de produção de sentido, reconhecidas hoje na forma das diversas mídias, converteram-se em verdadeiras relações de poder, com cada meio configurando-se como a extensão social e cultural de seus agentes, como bem percebeu o intelectual canadense Marshall McLuhan (2007) ainda nos anos 1960. Para ele, os meios exercem uma "massagem" na capacidade cognitiva humana, e os sujeitos comunicantes massageados podiam transformar aquelas mensagens de acordo com sua capacidade de produzir sentidos (Casali; Bonito, 2011), reconfigurá-los e retransmiti-los, exercendo um papel protagonista no processo comunicacional, caracterizando a chamada "sociedade em vias de midiatização" (Fausto Neto, 2006). Ainda nesse sentido, os estudos culturais e as pesquisas de recepção (Mattelart; Mattelart, 1999) desempenharam um papel fundamental no entendimento do fluxo do processo comunicacional e da interação dos agentes comunicativos. Desse modo, foi possível compreender que há vários processos comunicacionais ocorrendo enquanto uma mensagem é transmitida, e as mediações do âmbito social, tecnológico, econômico, político e cultural atribuem à mesma mensagem sentidos diferentes, num complexo efeito que não pode ser efetivamente garantido pelo emissor da mensagem, justamente por não se tratar de uma condição comunicativa de linguagem binária (maquínica), em que só há duas possibilidades de entendimento: uma positiva e outra negativa, por exemplo.

Em meados dos anos 1990, Lévy vislumbrou um futuro menos apocalíptico e mais integrado em suas observações sociais concernentes ao "segundo dilúvio de informações" (Lévy, 1999, p. 13), decorrente da popularização do acesso aos meios de comunicação telemáticos e, sobretudo, à internet.

Neste momento, cabe explicarmos as diferenças formais e estéticas da rede. Entendemos que a internet é uma rede de pessoas conectadas e mediadas por computadores e/ou dispositivos midiáticos, e estes, por sua vez, combinam informações através das redes telemáticas, compostas por satélites, telefonia, fibras óticas, ondas de rádio e de energia. Essa perspectiva fundamenta-se na ideia apresentada pelo sociólogo espanhol Manuel Castells (1999) em sua vasta e profunda obra *Sociedade em rede* e serve para compreender que a rede não é formada por computadores, mas por pessoas mediadas por máquinas. Esses dispositivos midiáticos nos afetam cognitivamente, estimulando-nos e deprimindo-nos, bem como colaboram tecnicamente para a difusão, a tradução e a réplica, em forma de novas mensagens, de nossas percepções acerca de todas as informações que consumimos, suscitando novos sentidos em cada agente comunicante nesse processo.

1.5
Revolução digital cibercultural

Para que a cibercultura fosse consagrada, foi necessário um esforço científico muito importante para a história da internet. O físico britânico, cientista da computação e professor do Massachusetts Institute Technology (MIT) Tim Berners-Lee, considerado o Pai da *World Wide Web* – popularmente conhecida como *www* e criada entre o final dos anos 1980 e início dos anos 1990 –, publicou e disponibilizou seu primeiro *site* na *web* (www) em 1991. A diferença entre o acesso à internet, que já existia antes disso, e o acesso à *web* interessa do ponto de vista da comunicação social, pois a invenção do primeiro navegador, o Mosaic, permitiu o acesso ao conteúdo por intermédio de uma interface gráfica mais amigável do que uma tela preta com códigos de máquina em verde ou branco. A popularização da internet está intimamente relacionada a essa característica de midiatização que os navegadores possibilitaram, primeiro apenas com textos escritos e *links*; mais tarde, com o avanço tecnológico e o aumento da velocidade de transmissão da internet, surgiram as primeiras imagens (GIFs animados) e, em seguida, sons e vídeos.

Para Lévy (1999), esse lugar, em que ocorrem todas essas interações comunicativas entre seres humanos, máquinas e informações, é o chamado *ciberespaço*, e a cultura advinda dessa profusão de relações é a *cibercultura*, conforme explica:

> O ciberespaço (que também chamarei de "rede") é o novo meio de comunicação que surge da interconexão mundial dos computadores. O termo especifica não apenas a infraestrutura material da comunicação digital, mas também o universo oceânico de informações que ela abriga, assim como os seres humanos que navegam e alimentam esse universo. Quanto ao neologismo "cibercultura", especifica aqui o conjunto de técnicas (materiais e intelectuais), de práticas, de atitudes, de modos de pensamento e de valores que se desenvolvem juntamente com o crescimento do ciberespaço. (Lévy, 1999, p. 17)

Sendo assim, há a dimensão não apenas estrutural da rede, a qual pode ser compreendida para além das questões técnicas envolvidas nos processos de comunicação inerentes ao ciberespaço. Isso ajuda a entender o conceito básico do que seria o "virtual", que, em suma, corresponde à condição potencial de qualquer que seja o objeto em questão. No que se refere à comunicação, o seu potencial cibernético, a partir da internet, tornou-se imensurável e intangível; por isso, ninguém seria capaz de acessar e consumir todos os conteúdos disponíveis, mesmo que, *a priori*, tecnicamente, isso seja possível. Trata-se da ideia de universalização sem totalidade: o potencial virtual é universal, mas a condição real é de acesso limitado.

Lévy produziu uma série de livros e buscou problematizar conceitos que vigoram na construção histórica da cibercultura, como a inteligência coletiva, o virtual e a economia do saber, sempre racionalizando as ideias numa perspectiva que ficou conhecida como *tecnoutópica liberal humanista*. Suas proposições, mais integradas e menos apocalípticas, inspiraram outros autores a criticar sua postura filosófica acerca da cibercultura, como foi o caso do pesquisador brasileiro Francisco Rüdiger, que, em *As teorias da cibercultura* (2011)[15], faz um mergulho ontológico e epistêmico nas origens filosóficas dos conceitos e das teorias, usando um método hermenêutico para apresentá-las.

O conceito de convergência está intimamente atrelado ao de cibercultura, compreendido, num primeiro momento, como uma consagração da multimidialidade (Machado; Palacios, 2003), ou seja, a possibilidade de reunir numa única mídia os diversos formatos de linguagens existentes. Essa concepção, no entanto, foi ampliada pelo pesquisador norte-americano sobre mídias Henry Jenkins em seu livro *Cultura da convergência* (2009). Para ele, a convergência concerne não apenas a convergir formatos de linguagens para uma única mídia, como é o caso da internet, que adota textos escritos, vídeos, fotos e áudio importados das outras mídias de comunicação de massa tradicionais (jornais impressos, rádio, cinema e TV), mas sim a construir narrativas únicas que se complementem nas diversas mídias. Para Jenkins (2009), as sagas cinematográficas *Star*

---

15 A leitura extra desse livro é recomendada àqueles(as) que desejam se aprofundar nos conceitos e nas temáticas aqui tratados apenas de maneira introdutória.

Wars e *Matrix*, bem como a série *Lost* e a literatura de *Harry Potter*, são bons exemplos de como as narrativas podem transcender a mídia original para outras plataformas, digitais e analógicas, configurando-se numa comunicação transmidiática. As tramas desses exemplos ganharam dimensões extras em materiais escolares, roupas, brinquedos, restaurantes, parques temáticos etc. Além disso, a cibercultura permitiu o surgimento de um segmento muito profícuo: as *fanfics*, isto é, histórias de personagens secundários (não protagonistas) escritas e publicadas por fãs de filmes e séries, que eram divulgadas em *sites* especializados e lidas por uma imensidão de pessoas. Existem até mesmo casos de *fanfics* de *fanfics*, ou seja, novas histórias escritas com base em uma *fanfic*[16].

Algumas empresas adequaram-se melhor a toda essa revolução digital e souberam tirar proveito comercial disso. Os melhores exemplos atuais são o Google, a Apple, o Facebook, o Spotify e a Netflix – não por acaso, estão ligados ao setor de tecnologia da informação e da comunicação (TIC) e atuam como indústrias de entretenimento.

Nesse cenário, mercados gigantescos sofreram mudanças radicais, como as indústrias fonográfica e cinematográfica, que, no início deste século, amargavam uma forte decadência em virtude da facilidade de trocas de arquivos entre computadores, mas que conseguiram se adaptar com a venda de músicas avulsas, em detrimento do álbum todo, e, mais recentemente, de mensalidades para uso irrestrito de serviços de transmissão (*streaming*) musical *on-line*. O mesmo ocorreu no mercado cinematográfico; e o mercado

---

16   Essa discussão será abordada em profundidade no Capítulo 3.

televisivo está no mesmo caminho, com a comercialização e a transmissão de conteúdo *on-line* sob demanda.

Para entendermos a revolução digital promovida pela cibercultura, precisamos conhecer a "cultura da interface" (Johnson, 2001) e, assim, compreender como os dispositivos midiáticos eletrônicos mudaram os processos de comunicação e criação, por meio de novas linguagens, narrativas e interações com telas. Isso tudo é fruto da cibercultura e tem relação direta com as telas: primeiramente, as dos computadores de mesa (tipo *desktop*); depois, as dos celulares de primeira geração e as dos computadores portáteis (*notebooks*); e, agora, as dos *smartphones* e *tablets*.

Em meados dos anos 1990, os computadores eram aparelhos estranhos à vida cotidiana das pessoas. A princípio, passaram a ocupar as salas das casas, e as pessoas precisavam ir às escolas de informática para aprender a lidar basicamente com esse aparelho. O *mouse* foi certamente um dos dispositivos mais complexos para a interação entre seres humanos e a tela.

Não demorou muito para que a chamada *geração digital*, que nasceu sob o signo da cibercultura e já com acesso à internet, dominasse a máquina e suas linguagens. Essa geração aprendeu a digitar e a interagir com a máquina de maneira muito naturalizada, isso graças a uma linguagem propositalmente simples e baseada em ícones e programas inspirados na semântica da lógica de pensamento humano. Assim, na segunda década do século XXI, já havia interfaces com telas sensíveis ao toque (*touchscreen*), que dispensavam o uso do famigerado *mouse*, e os *smartphones* eram dominados por crianças com menos de cinco anos que sequer estavam alfabetizadas na língua formal.

Esse fenômeno, que pode parecer, aos olhos do senso comum, um "avanço" humano, explica-se pela ótica da comunicação social como sendo fruto de processos comunicacionais com linguagens cada vez mais simples, quase primárias, cujo objetivo é promover o acesso ao maior número de pessoas em nome das vendas e dos lucros de empresas de tecnologia. Constata-se isso ao percebermos que não há crianças de menos de cinco anos escrevendo histórias bem elaboradas com o uso formal da língua, coesão, descrição detalhada de ambientes e construção psicológica dos personagens na mesma proporção que há crianças acessando e interagindo com canais no YouTube por meio de celulares. Assim, entendemos que houve um retrocesso na capacidade humana de comunicação e que isso ocorreu pela simplificação de linguagens, pelas formas de interação intuitivas por telas sensíveis e por programas (aplicativos) que exigem o mínimo de alfabetização cibernética possível.

Por outro lado, outro universo, que se tornou o maior mercado de entretenimento do mundo (Indústria..., 2020), concerne a essa questão: o dos *videogames*. O número de jogadores multiplica-se de maneira exponencial ano a ano, e as formas de comunicação exigidas por essas produções são mais refinadas e requerem um grau de inserção mais profunda na cibercultura, exigindo uma série de habilidades e competências técnicas para jogar que podem corresponder aos esportes físicos; porém, nos *videogames*, o esporte seria mental. O fenômeno cibercultural é tão impressionante que há torneios mundiais cuja audiência supera às das modalidades esportivas mais populares, como o futebol, o futebol americano e as olimpíadas. Contudo, ainda que consideremos os *videogames* (de todos os tipos) uma forma mais elaborada de comunicação e interação entre os seres humanos e as máquinas, ainda assim ela não pode ser considerada complexa (em relação ao utópico potencial comunicacional humano), sendo mais adequada para uma comunicação em estágio intermediário, com ênfase no desenvolvimento do raciocínio linguístico, lógico, técnico e estratégico.

Essas condições todas da cibercultura, em função de suas características sociais, técnicas e comunicacionais, configuram-se por meio de uma complexa rede formada por seres humanos e coisas (seres animados e inanimados – animais e/ou objetos), que mutuamente influenciam os modos de agir e os caminhos para o alcance dos objetivos desejados.

Nesse sentido, o sociólogo e filósofo contemporâneo francês Bruno Latour (1994) é um dos autores da teoria ator-rede (TAR), ou *teoria actante rede*, a qual considera que o papel do ator/actante social em sua rede é definido com base em sua "tradução", ou seja, sua apropriação dos objetos disponíveis de maneira ativa e repercussiva, em virtude do efeito e da mudança de comportamento que suscita no ambiente sociotécnico em que está inserido. A TAR tem sido usada para o entendimento e a resolução de problemas no âmbito comunicacional das redes sociais. No Brasil, o professor André Lemos[17] é um dos pesquisadores mais importantes dos tópicos relacionados a essa teoria.

- - - - -

17 Recomendamos a leitura de seus livros: *A comunicação das coisas: teoria ator-rede* (2014) e *Cibercultura* (2010).

As redes sociais, por sua vez, são o fruto mais evidente de toda essa ecologia midiática formada pela cibercultura. O Facebook, a principal delas, por exemplo, é considerado por 55% dos brasileiros como sendo "a própria internet", segundo pesquisa realizada pela Fundação Mozilla e publicada pela revista *Carta Capital* (Valente, 2017). Para um país que tem gosto pela cibercultura, embora com menos condições econômicas e técnicas para usufruir de seus benefícios, e o terceiro com o maior número de usuários da plataforma (90 milhões), atrás apenas dos Estados Unidos e da Índia, essa informação é espantosa, pois significa que cerca de 50 milhões de pessoas no Brasil não têm noção do que há na internet fora do Facebook (Valente, 2017).

Para a pesquisadora brasileira sobre cibercultura Raquel Recuero (2009, p. 24, grifo do original), as redes sociais podem ser compreendidas como "um conjunto de dois elementos: **atores** (pessoas, instituições ou grupos; os nós da rede) e suas **conexões** (interações ou laços sociais) [...]. Uma rede, assim, é uma metáfora para observar os padrões de conexão de um grupo social, a partir das conexões estabelecidas entre os diversos atores".

Recuero (2009) explica, ainda, que a relação entre os atores sociais gera um capital social que pode decorrer da confiança mútua e das normas de reciprocidade ética e moral em função dos interesses dos indivíduos e do coletivo. Além disso, por se tratar de um capital, existe clara relação de poder entre as partes e os campos envolvidos (econômico, cultural e/ou social). Em síntese, podemos considerar que o capital social é resultante dos interesses mútuos nos recursos disponíveis na rede e pode influenciar, direta ou indiretamente, as ações seguintes de cada ator social. Sendo assim, a depender de como essas transações de capital são efetivadas, podem-se formar redes sociais de cooperação, competição ou conflito entre as partes.

Por fim, é pertinente ressaltarmos a importância da cibercultura e das redes sociais nas transformações políticas, na busca por direitos, no exercício da cidadania ou mesmo para uso de viés antiético e imoral, no que tange à mobilização social em nome de causas diversas, à quebra da hegemonia dos grandes conglomerados de mídias ou, mais recentemente, às apropriações das lógicas das redes para a proliferação de notícias falsas (as *fake news*).

Desde a Primavera Árabe, uma onda revolucionária de protestos que iniciou no Egito em 2011 e se estendeu para outros países de língua e cultura árabes do norte da África, as redes sociais assumiram um papel preponderante nas transformações sociais globais. Em países de regimes políticos antidemocráticos, ditatoriais, autocráticos ou totalitaristas, o acesso às redes sociais ou mesmo à própria internet foi proibido para evitar a facilidade de mobilização social.

Nessa conjuntura, o protagonismo das redes foi tão fenomenológico que muitos pesquisadores dedicaram-se a entender como elas configuravam as decisões políticas dos indivíduos e interfeririam nas dos poderes consolidados em cada nação. No Brasil, por exemplo, os pesquisadores Fábio Malini e Henrique Antoun publicaram o livro *A internet e a rua: ciberativismo e mobilização nas redes sociais* em 2013, em meio à turbulência política do país, às vésperas da Copa do Mundo de Futebol e das Olimpíadas no Brasil, que escancararam históricos escândalos de corrupção envolvendo todos os principais partidos políticos do país e as empresas nacionais com protagonismo no mercado internacional, como foi o caso da petrolífera Petrobrás e das empreiteiras Odebrecht e Camargo Corrêa. Os autores contextualizam historicamente a cibercultura fazendo relações netnográficas[18] (Fragoso; Recuero; Amaral, 2011) e análises de casos relevantes nos âmbitos nacional e internacional, o que torna tal obra muito importante para a compreensão do turbilhão sociopolítico vivenciado e de suas relações íntimas com as culturas do ciberespaço.

O campo científico da comunicação tem-se dedicado bastante, nesses últimos anos, a colher (ou "minerar") dados extraídos das redes sociais, de modo a ter acesso a um estrato cultural e, assim, poder compreender, com base nas análises de gráficos (grafos) gerados por *softwares* especializados, um retrato do comportamento humano e de suas relações políticas, seja como ator social individual, seja como representante de empresas e instituições governamentais.

O volume de dados gerados pelo uso de *smartphones* e demais dispositivos, principalmente o de redes sociais, tem servido para o monitoramento de condutas e o controle social, facilitados pelo fato de que todas as interações nesses espaços (postagens, curtidas ou simples leitura de textos) são identificadas e registradas em bancos

---

18 "A netnografia, como proposta de investigação na Internet, enriquece as vertentes do enfoque de inovação e melhoramento social que promovem os métodos ativos e participativos dentro do espectro do qualitativo (metodologia e prática social), integrando-se ao que a Internet tem provocado em nosso cotidiano, transformações importantes nas maneiras como vivemos" (Gebera, 2008, p. 2, citado por Fragoso; Recuero; Amaral, 2011, p. 174).

de dados públicos (postagens de acesso público) ou privados (postagens restritas ou bloqueadas), criando, desse modo, o *big data*.

Há diversos estudos e pesquisas que associam esses imensos bancos de dados aos perfis de empresas e às pessoas nas redes sociais, que visam monitorar as mídias sociais a fim de identificar padrões de comportamento e analisar discursos. Há *softwares* gratuitos que coletam esses dados e podem ser utilizados por agentes da própria sociedade para fiscalizar as condutas de seus governantes, tanto em relação ao espectro ideológico político quanto ao emprego de recursos públicos, uma vez que a Lei da Transparência, isto é, a Lei Complementar n. 131, de 27 de maio de 2009 (Brasil, 2009), garante ao cidadão acesso irrestrito às informações governamentais concernentes ao uso do erário público[19].

Síntese

Neste capítulo, traçamos um percurso introdutório acerca da história, dos conceitos e dos contextos da cibercultura na qualidade de campo de estudo, analisando suas principais teorias e estudiosos e refletindo sobre tópicos como cultura da convergência e da interface, teoria ator-rede e sociedade em vias de midiatização. Ademais, com relação ao cenário brasileiro, apresentamos os precursores dessa área e as colaborações estabelecidas para realização de pesquisas.

---

19 Para aprofundamento desse assunto, indicamos a leitura da obra *Monitoramento e pesquisa em mídias sociais: metodologias, aplicações e inovações* (Silva; Stabile, 2016).

Questões para revisão

1. Conforme Heidegger, a tecnologia compreende duas dimensões, uma estrutural e outra de viés antropológico. Nesse sentido, a tecnologia é:
   a) apenas um "meio" para a concretização de um "fim".
   b) a junção de instrumentos técnicos a desejos e propósitos humanos interdependentes e imanentes com base em causalidade.
   c) uma estruturação moderna que independe dos interesses humanos para se desenvolver.
   d) a expressão máxima do desenvolvimento da metafísica alemã.
   e) um processo maquínico e que transborda culturas, sociabilidades e métodos em função de aspectos como o grau de envolvimento dos atores sociais/agentes.

2. O matemático norte-americano Norbert Wiener é considerado o Pai da Cibernética, que pode ser entendida como:
   a) o estudo dos sistemas ciberculturais e ciberespaciais.
   b) a principal ciência no âmbito das *hard sciences*.
   c) o estudo sistemático das estruturas de conhecimento sociotécnico.
   d) a ciência que analisa a transformação das materialidades em sistemas digitalizados.
   e) o estudo dos sistemas automáticos, cuja origem pode ser biológica e/ou mecânica e/ou eletrônica.

3. (Enem – 2017) Mas assim que penetramos no universo da *web*, descobrimos que ele constitui não apenas um imenso "território" em expansão acelerada, mas que também oferece inúmeros "mapas", filtros, seleções para ajudar o navegante a orientar-se. O melhor guia para a *web* é a própria *web*. Ainda que seja preciso ter a paciência de explorá-la. Ainda que seja preciso arriscar-se a ficar perdido, aceitar "a perda de tempo" para familiarizar-se com esta terra estranha. Talvez seja preciso ceder por um instante a seu aspecto lúdico para descobrir, no desvio de um *link*, os *sites* que mais se aproximam de nossos interesses profissionais ou de nossas paixões e que poderão, portanto, alimentar da melhor maneira possível nossa jornada pessoal.

LÉVY, P. **Cibercultura**. São Paulo: Editora 34,1999.

O usuário iniciante sente-se não raramente desorientado no oceano de informações e possibilidades disponíveis na rede mundial de computadores. Nesse sentido, Pierre Lévy destaca como um dos principais aspectos da internet o(a)

a) espaço aberto para a aprendizagem.
b) grande número de ferramentas de pesquisa.
c) ausência de mapas ou guias explicativos.
d) infinito número de páginas virtuais.
e) dificuldade de acesso aos *sites* de pesquisa.

4. Para Jenkins (2009), por que as sagas audiovisuais do cinema, como *Star Wars* e *Matrix*, são exemplos de narrativas transmidiáticas?

5. Segundo Heidegger, a tecnologia é constituída por duas dimensões. Quais são elas e qual relação estabelecem entre si?

Questões para reflexão

1. Vimos, ao longo deste capítulo, um amplo mosaico de transformações relacionado à constituição da cibercultura. Essa nova etapa da organização humana – uma cultura não limitada a um único território, compartilhada por indivíduos ao redor do globo – é a expressão da tecnologização dos processos sociais e culturais ao longo das últimas décadas, marcadas por um contínuo processo denominado por Jenkins (2009) de *convergente*. O autor defende especialmente a necessidade de entender a convergência como dimensão cultural antes de compreendê-la como processo tecnológico. Acerca disso, explique a visão desse teórico.

2. A revolução digital cibercultural funda-se na ampla utilização de dispositivos digitais na sociedade contemporânea. O principal marco dessa nova era foi o uso comercial da internet, que teve início na década de 1990, a partir da criação da WWW pelo britânico Tim Berners-Lee. Nesse contexto, como podemos entender os conceitos de ciberespaço e cibercultura?

Capítulo
02

A cibercultura e a criação de conteúdos na *web*: *blogs*, produção amadora, cauda longa, *commons* e remix

Gabriela Zago

Conteúdos do capítulo:

- Cultura da remixagem.
- *Commons*.
- Culto do amador.
- Produção de *blogs*: entre o público e o privado
- Teoria da cauda longa.

Após o estudo deste capítulo, você será capaz de:

1. compreender a lógica de produção de conteúdo de *blogs*;
2. explicar a criação de conteúdo digital e a produção amadora;
3. analisar o processo de compartilhamento de conteúdo e a construção do *commons*;
4. entender a cultura remix considerando práticas de apropriação do conteúdo digital;
5. identificar os impactos do culto à produção amadora de conteúdo.

Estamos constantemente criando ou remixando conteúdos para colocar em *blogs*, fóruns, *sites* de mídia social ou outros espaços da *web*. Essas práticas, como veremos neste capítulo, estão todas, de certa forma, relacionadas a conceitos da cibercultura. Por exemplo, o simples ato de compartilhar em um *blog* uma imagem de um gatinho fofinho acompanhada de uma legenda engraçada (anexada à imagem) remete a conceitos como cultura remix (criação de conteúdo digital com base em conteúdos preexistentes), produção amadora (embora a foto original possa ter sido produzida por um profissional em um estúdio de fotografia, o remix acompanhado da legenda provavelmente foi criado por um amador em seu tempo livre, visando ao entretenimento próprio e de outros), *blogs* (há toda uma história por trás do formato *blog* de publicação de conteúdo de forma facilitada e em ordem cronológica inversa), e à questão do comum (ao mesmo tempo em que se consomem conteúdos num espaço comum, ao postar e compartilhar conteúdo, também se contribui para o *commons*).

Neste capítulo, abordaremos alguns aspectos práticos concernentes à cibercultura, como os conceitos já citados e, ainda, o *culto do amador* e a *teoria da cauda longa*, termos que, apesar de parecerem novos, estão atrelados ao nosso dia a dia de uso de novas tecnologias.

2.1
Cultura remix

Para Lemos (2005), a remixagem é um dos princípios que regem a cibercultura. O remix, fruto dessa prática, é resultante de apropriações (Lemos, 2001) do conteúdo digital, que é, então, modificado para atender a objetivos específicos. Isso é feito mediante o uso de tecnologias digitais, a fim de produzir combinações, colagens e recorte de informações (Lemos, 2005), e possibilita, assim como o desvio e a despesa – outros elementos essenciais da cibercultura (Lemos, 2001) –, os usos criativos dos usuários, muitas vezes para além dos pensados originalmente pelos desenvolvedores dos sistemas.

Há um processo de remix quando, por exemplo, acrescenta-se texto a uma imagem para criar um meme, ou quando duas imagens são justapostas para obter um terceiro efeito – humor, sátira ou, até mesmo, para fazer refletir. Na essência, ele é uma forma de colagem (Lessig, 2008), e esta é uma técnica associada a atividades manuais e à arte, como é o caso dos trabalhos de Max Ernst, pintor alemão que, na primeira metade do século passado, criava figuras híbridas por meio da combinação de elementos diversos, muitas vezes procurando ocultar a distinção entre eles, de modo a criar uma imagem híbrida (Leão, 2012). Contudo, o remix vai além da mera justaposição de itens, na medida em que carrega vínculos culturais com os fragmentos utilizados, sustenta Leão (2012).

Em termos culturais, o remix está atrelado ao hibridismo e a variações sobre um mesmo tema (Soares, 2005). Segundo Bastos (2007), ele se diferencia de uma colagem por integrar elementos, em vez de meramente uni-los. Para demonstrar tais distanciamentos, o autor contrasta duas metáforas: a salada de frutas (cada elemento pode ser percebido individualmente) e a vitamina (não é mais possível identificar cada elemento) – equivalentes à colagem e ao remix, respectivamente. O remix, assim, seria uma prática cultural que deixa marcas no processo, o que acaba resultando em produtos que são mais do que a mera soma das partes.

Ainda que aqui estejamos falando do remix no contexto da cibercultura, ele também ocorre em outros cenários, a saber: na arte (como em obras resultantes da mistura de técnicas) – conforme exemplificamos há pouco; na música (como na combinação de duas ou mais músicas); no audiovisual (como na criação de videoclipes amadores mediante a mescla de diferentes vídeos) etc.

No contexto digital, três leis norteiam os processos de remixagem contemporâneos: (1) a liberação do polo da emissão; (2) o princípio de conexão em rede; e (3) a reconfiguração de formatos midiáticos e práticas sociais (Lemos, 2005). A primeira concerne ao fato de que as ferramentas tecnológicas permitem que todos tenhamos acesso a recursos de produção de conteúdo digital. A segunda refere-se ao fato de que cada vez mais estamos utilizando computadores – e até mesmo celulares – conectados em rede. A terceira, por sua vez, está vinculada a práticas de remediação (Bolter; Grusin, 2002) – ou seja, quando as práticas de um meio interferem em outro. O Quadro 2.1 sistematiza esses três princípios.

Quadro 2.1 – Leis norteadoras dos processos de remixagem contemporâneos

Liberação do polo da emissão	Não só empresas podem criar conteúdos. Tecnicamente, todos têm acesso às mesmas ferramentas de produção na internet.
Princípio da conexão em rede	Estamos cada vez mais conectados à internet – nos computadores pessoais, na comunicação móvel, na computação vestível –, e isso faz com que seja produzido e consumido cada vez mais conteúdo.
Reconfiguração de formatos midiáticos e práticas sociais	Influências recíprocas entre os meios de comunicação acabam por reconfigurar os formatos midiáticos e as práticas sociais.

Fonte: Elaborado com base em Lemos, 2005.

Dessas três leis resulta o que Lemos (2005) define como *cibercultura remix*, ou seja, práticas de apropriação e recombinação de conteúdos que decorrem dessas características da cibercultura. O principal diferencial delas, para o autor, não estaria na possibilidade de participação, visto que já era possível criar remixes fora do ambiente digital, por exemplo, e sim no alcance de tais práticas, agora acessíveis a um público potencialmente amplo. Assim, o ambiente digital permite não só criar remixes, como também fazê-los circular rapidamente em locais como *sites* de rede sociais e, sobretudo na atualidade, nos espaços comuns da internet, os *commons*.

Na próxima seção, discutiremos a apropriação do comum na rede e as particularidades da cooperação por meio da comunicação mediada por computador (CMC).

2.2
Os *commons*

A base da CMC reside, conforme Kollock e Smith (1996), na cooperação entre os indivíduos. Acerca disso, os autores, em seu artigo sobre colaboração e conflito na CMC, questionam: "Diante de inúmeras tentações para se comportar de forma egoísta, como manter relações de cooperação?" (Kollock; Smith, 1996, tradução nossa). Assim, há uma tensão constante entre se comportar de forma cooperativa ou individualista no acesso aos bens comuns do ciberespaço.

Cooperação e conflito, na verdade, não se opõem, analisa Primo (2007). É preciso haver cooperação para que uma comunidade exista; todavia, o conflito e a competição geram desequilíbrio e podem levar a adaptações, proporcionando novos estados de equilíbrio. Logo, a própria essência da cooperação estaria em estados de desequilíbrio, que delineiam inéditos modos de cooperar.

Um dos modelos mais usados para compreender esse dilema entre cooperação e conflito, ou entre comportamentos cooperativos e individualistas, está na tragédia do comum, concernente ao uso de espaços comuns (Hardin, 1968; Kollock; Smith, 1996). Por exemplo, se um grupo de quatro pastores divide uma mesma área de pasto, há um equilíbrio quando todos estão de acordo quanto ao número de ovelhas que cada um pode ter. Porém, se um dos pastores decide colocar mais ovelhas no pasto para obter mais lucro, isso pode fazer com que o recurso comum (o pasto) esgote-se mais rápido, ocasionando um estado de desequilíbrio.

Do mesmo modo, na internet também há diversos "aproveitadores" de recursos digitais. Por exemplo, em programas de compartilhamento de arquivos, como *torrents*, espera-se que cada usuário forneça partes dos arquivos que possui, ao mesmo tempo que pode receber fragmentos de arquivos de outros usuários. No entanto, se não compartilha nada, está apenas se utilizando do recurso "comum", sem dar a sua contrapartida de contribuição para o coletivo. Outro exemplo é o usuário que acessa diariamente um fórum de discussão sobre determinado assunto para ler o conteúdo, mas não socializa as informações novas e diferentes que encontra em outras fontes. Nesse caso, ele apenas se "aproveita" da discussão, ainda que pudesse colaborar ativamente para ela, acrescentando novos dados.

Como propiciar a cooperação diante dos aproveitadores? Alguns autores destacam a necessidade de que haja uma autoridade central para resolver os conflitos, ao passo que outros sugerem mecanismos de autorregulação dentro do grupo. Por exemplo, se, em um grupo no Facebook, alguém não se comportar conforme as regras, deve ser removido da rede ou o próprio grupo deve pensar em outras alternativas para solucionar o conflito? Para Kollock e Smith (1996), a solução estaria na autorregulação. Nesse sentido, mecanismos como regras (explícitas ou implícitas), moderação de conteúdo e sanções podem contribuir para manter estados de cooperação em espaços comuns da *web*.

Portanto, ainda que a CMC viabilize a criação de múltiplos espaços comuns de cooperação, as atitudes individualistas de alguns aproveitadores podem suscitar relações de conflito no ciberespaço. Todavia, a cooperação permanece predominante e há diversas formas de colaborar (criando e distribuindo conteúdos em *sites* de redes sociais, *blogs*, fóruns e outros espaços de cooperação) para os *commons* no ciberespaço, o que, em virtude da liberação do polo da emissão, pode ser feito por qualquer pessoa.

A seguir, trataremos da produção por amadores e do culto do amador.

2.3
O culto do amador

Como afirmamos há pouco, a liberação do polo da emissão permite que qualquer sujeito produza conteúdos na internet. Desse modo, conteúdos criados por profissionais dividem espaço com os de amadores, configurando uma relação conhecida como *práticas de Pro-Am* (Anderson, 2006; Belochio, 2009), um movimento que pode ser descrito como a parceria entre profissionais (Pro) e amadores (Am) com o auxílio das ferramentas de comunicação digital (Anderson, 2006).

A produção por amadores é exaltada em diversos campos, como no jornalismo – no qual as contribuições de indivíduos comuns são referidas como de "jornalistas-cidadãos" (Belochio, 2009).

Em resposta ao crescimento e ao enaltecimento desse tipo de produção, o escritor norte-americano Andrew Keen publicou em 2007 um livro chamado *O culto do amador* (2009), no qual critica veementemente o entusiasmo com a produção amadora na internet. Para o autor, as possibilidades ilimitadas de criação na internet estariam matando nossa cultura; uma vez que os interesses dos amadores podem ser os mais diversos, eles podem acabar propagando informações falsas, superficiais ou errôneas. Keen (2009) critica, ainda, a explosão da criação de amadores em espaços como YouTube, Wikipedia e *blogs*. Especificamente sobre estes, afirma: "Os blogs tornaram-se tão vertiginosamente infinitos que solaparam nosso senso do que é verdadeiro e do que é falso, do que é real e do que é imaginário" (Keen, 2009, p. 9).

Podemos dizer, então, que Keen (2009) apresenta uma visão "tecnófoba" da criação por amadores. Há autores, no entanto, cuja perspectiva é mais "utópica", como o físico norte-americano Chris Anderson (2006), por exemplo, concebendo essa produção como um acréscimo positivo ao conteúdo já criado por profissionais[1]. A própria Wikipédia, criticada por Keen (2009) na medida em que todos podem fazer alterações e incluir ou remover informações tendenciosas, é exaltada por Anderson como uma construção coletiva que permite que dados errôneos sejam corrigidos e modificados por outros usuários a qualquer momento.

---

1   Para saber mais sobre visões utópicas e distópicas da tecnologia, indicamos consultar Rüdiger (2003).

Para Anderson (2006), a linha tênue que separa produtores de amadores está sendo borrada, e é possível que o mesmo aconteça, no futuro, com a que divide amadores e profissionais. Bruns (2008) chega a usar o termo *produsuário* (junção das palavras *produtor* e *usuário*) para se referir ao usuário ativo da internet que, ao interagir com conteúdos, também produz novas informações (como ao acrescentar comentários, ou até mesmo ao avaliar uma publicação por meio de curtidas ou outro tipo de reação). Logo, na internet, não só consumimos passivamente: também contribuímos com a criação de conteúdos. Em síntese, somos todos produsuários.

Nesse sentido, ainda que muito da produção amadora tenha qualidade duvidosa, a própria internet oferece filtros e mecanismos para ajudar a separar conteúdos bons e ruins. Dessa forma, os mesmos canais utilizados para disseminar conteúdos falsos podem servir para desmentir boatos e informações equivocadas.

Em uma pesquisa sobre difusão de informações falsas no Twitter (Zago, 2010a), por exemplo, identificamos que estas são desmentidas pelos mesmos canais que as propagam e com até mais visibilidade que o boato em si, demonstrando que, em conjunto, a contribuição dos usuários amadores é mais positiva do que negativa. Do mesmo modo, ao analisarmos a circulação de um acontecimento jornalístico no Twitter (Zago, 2018), também foi possível notar que a presença de informações falsas foi muito pequena (menos de 1% do total de *tweets* publicados sobre o assunto) e com menor visibilidade em comparação às notícias provenientes de fontes tradicionais e aos relatos de testemunhas do acontecimento. Assim, embora autores como Keen considerem a produção amadora algo ruim e catastrófico, outros, como Anderson, percebem-na como positiva e benéfica em termos de acesso a conteúdos digitais.

Dentre os inúmeros sítios para produção amadora no ciberespaço, destaca-se o *blog* como formato de publicação relativamente simples e rápido para distribuição de dados, sobre o qual discorreremos a seguir.

2.4
Blogs: entre o público e o privado

A internet é um meio de comunicação baseado no modelo todos-todos (Lévy, 1999), isto é, que permite a qualquer usuário criar conteúdo. Seu principal diferencial em relação a outros meios é a liberação do polo da emissão, ou seja, enquanto na mídia tradicional apenas alguns têm acesso às ferramentas de produção e transmissão de conteúdo, na internet, ao menos em tese, estas estão disponíveis para todos, que, por conseguinte, convertem-se em emissores. Esse fácil acesso é ilustrado por estas importantes ferramentas: os *weblogs*, ou *blogs* – o termo *weblog* foi usado pela primeira vez em dezembro de 1997 por Jorn Barger para se referir à prática de fazer um *log* (registro) da *web* (Thompson, 2006). A abreviação *blog*, por sua vez, surgiu apenas em 1999.

No começo da história da *web*, era necessário saber o básico de linguagem de marcação HTML para criar páginas na *web*, que eram estáticas – quer dizer, cada novo conteúdo precisava ser inserido diretamente no código-fonte do *site*. Com a *web* 2.0 (O'Reilly, 2005), a *web* tornou-se mais participativa e novos recursos surgiram para facilitar a produção de conteúdo, contexto no qual os *blogs* foram inventados.

Na qualidade de formato (Blood, 2000; Walker, 2003; Bruns, 2005), o *blog* pode ser entendido como uma página com atualizações frequentes em ordem cronológica inversa (ou seja, as novas publicações aparecem no topo da página). Conforme Blood (2003) e Anderson (2006), seu uso como formato popularizou-se a partir da criação de ferramentas para *weblogs* – *softwares* que oferecem *templates* (como Wordpress ou Blogger), ou "modelos de publicação", nos quais os usuários podem apenas acrescentar seus conteúdos, enquanto o *software* cuida da parte técnica da página, posicionando automaticamente o *post* (publicação) mais recente no topo e empurrando as demais atualizações para baixo.

Apesar de serem frequentemente associados a diários virtuais, como nota Lemos (2002), os primeiros *blogs* eram, na verdade, voltados a postar *links*, ou "diários de navegação", na *web*. Entre as características dos *blogs* está o fato de normalmente apresentarem temática e autor específicos – por conta disso, podem ser considerados espaços pessoais (Recuero, 2003). Além disso, embora diversos *blogs* abordem assuntos particulares, também são definidos por disponibilizarem-nos na *web*; logo, permitem o acesso público (ou semipúblico, quando restrito a um grupo de amigos, por exemplo) a conteúdos que originalmente seriam de caráter privado.

Os *blogs* também estão associados ao conceito de cibercultura remix, citado anteriormente. Neles, as três leis que norteiam o remix estão presentes: na possibilidade de qualquer um criar um *blog* (liberação do polo de emissão); no fato de o formato do *blog* ser uma remediação de formatos anteriores, com é o caso do diário pessoal em papel (reconfiguração de práticas); e na viabilidade de atualização do *blog* por meio do computador de casa ou mesmo do celular (interconexão em rede).

Com o tempo, outros formatos derivados surgiram, como *podcasts* (para publicação seriada em áudio, com o mais recente aparecendo no topo), *videologs* (para publicação de vídeos, com o mais novo figurando primeiro), *fotologs* (para publicação de fotos) e *microblogs* (*blogs* com limitação de tamanho de *posts*, como é o caso do Twitter, em que cada mensagem não pode ultrapassar 280 caracteres).

O Quadro 2.2 apresenta sinteticamente as principais características dos *blogs*.

Quadro 2.2 – Principais características dos *blogs*

Ordem cronológica inversa	Postagens mais recentes ficam geralmente no topo.
Espaço pessoal	Um *blog*, via de regra, tem um autor ou um conjunto de autores específicos que posta suas mensagens.
Postagens frequentes	Embora não haja uma frequência específica (não é necessário haver *posts* diários para ser considerado um *blog*), normalmente costumam ser atualizados com certa frequência.
Espaço para comentários	Característica nem sempre presente, mas bastante frequente, em cada *post*, permite a interação entre o dono do *blog* e seus visitantes.

Fonte: Elaborado com base em Zago, 2010b.

Apesar de os *blogs*, a princípio, funcionarem como diários de navegação na *web* e pessoais, com o tempo, novos usos e apropriações emergiram. A queda das torres gêmeas, em 2011, e a Guerra do Iraque, em 2013, ajudaram a popularizá-los como formato para o jornalismo – por meio deles, por exemplo, foi possível veicular relatos sobre o dia a dia de soldados no Iraque, em *warblogs* (*blogs* de guerra) criados especificamente para tal, menciona Recuero (2003).

Ademais, o conceito de *blog* enfrentou certa "crise" quando o formato passou a ser empregado para publicações voltadas ao lucro (Träsel, 2009), e muitos desses *blogs* até mesmo deixaram de apresentar uma ou mais das características listadas no Quadro 2.2. Por exemplo, o fato de se tratar de um "espaço pessoal" vem sendo colocado em xeque quando são gerenciados por portais de notícias ou *sites* de entretenimento. Em razão da possibilidade de monetização, muitos criaram *"blogs"* repletos de anúncios, visando sobretudo ganhar dinheiro e caçar *paraquedistas* vindos do Google (termo utilizado em referência a usuários que procuram algo nesse sistema de busca e caem de "paraquedas" nesses *sites*); desse modo, o caráter informativo torna-se secundário (Träsel, 2009).

Soma-se a isso a pulverização para outros espaços da ideia de *blogs* como diários pessoais. Se, antes, os relatos pessoais do dia a dia eram compartilhados em *blogs* dedicados a esse fim, atualmente é possível vê-los dispersos nas linhas do tempo de diversos *sites* de redes sociais – com fotos e textos postados no Facebook, Twitter e Instagram, por exemplo (os quais, por sua vez, também emprestam dos *blogs* algumas de suas características, como as postagens frequentes e em ordem cronológica inversa, a possibilidade de fazer comentários e o caráter pessoal desses espaços). Podemos dizer, portanto, que essas redes são uma espécie de remediação (Bolter; Grusin, 2002) do formato *blog*.

Na qualidade de produto cultural, *blogs* e outros formatos digitais de publicação de conteúdo também podem ser situados em um contexto de cauda longa, conceito que explanaremos na próxima seção.

2.5
A teoria da cauda longa

A *cauda longa* é um termo originalmente introduzido por Anderson em um artigo da revista *Wired* em 2004, posteriormente transformado em um livro homônimo, publicado em 2006. Esse conceito está associado à contraposição entre uma economia de massa e uma economia de nicho e tem a ver com a abundância de oferta de conteúdos na internet.

Segundo o autor, a distribuição de produtos culturais nesse espaço seguiria uma lei de potência, com formato de cauda longa, ou seja, enquanto muitos consomem alguns poucos produtos bastante populares (os produtos de massa, ou *hits*), poucos consomem vários outros menos afamados (os produtos de nicho). A distribuição ocorreria na forma de um gráfico que lembra, em alguma medida, uma cauda longa, como visto na Figura 2.1.

Figura 2.1 – Cauda longa

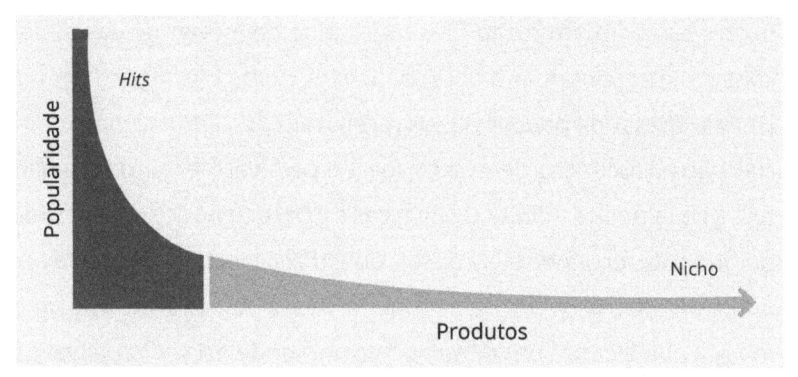

Popularidade / *Hits* / *Nicho* / *Produtos*

Fonte: Elaborado com base em Anderson, 2006.

Ainda há demanda para grandes produtos culturais, mas atualmente os *hits* disputam espaço com inúmeros mercados de nicho. Para Anderson (2006), o mercado de massa não substitui o mercado de nicho, apenas divide espaço com ele. Isso remete ao princípio de Pareto, ou princípio 80/20, segundo o qual 80% dos efeitos resultam de 20% das causas. Aplicado ao contexto em análise, 80% das receitas das empresas provêm de 20% de seus produtos.

Fora do ambiente digital, devido a limitações de espaço (prateleiras), as empresas tendem a vender *hits*, ou seja, produtos que têm mais saída. *On-line*, tecnicamente, essa problemática inexiste, o que possibilita o anúncio de produtos de nicho (e isso vale especialmente para os digitais). Os produtos de nicho, em conjunto, passam a ser tão ou mais lucrativos do que os *hits*.

O mercado tradicional não digital é, portanto, um mercado de escassez. Por isso, uma loja física de CDs, por exemplo, usa a maior parte do espaço físico disponível para mostrar os mais vendidos e disponibiliza apenas alguns dos menos populares, priorização que ocorre também em razão da necessidade de elevar vendas e, por conseguinte, continuar a obter o lucro. Já numa loja digital como a iTunes, apesar de poucos títulos receberem destaque na página inicial, não há limitação de espaço; logo, é possível ofertar uma biblioteca virtualmente infinita de músicas e CDs, que pode ser acessada por meio da ferramenta de busca, quer dizer, o espaço ocupado por uma música não inviabiliza o de outra. Dessa maneira, mesmo uma música que alcance um *download* no ano pode estar disponível na loja da iTunes. Já na loja física citada, um CD que venda apenas uma cópia por ano estaria ocupando um espaço valioso de prateleira, que poderia ser mais bem aproveitado por um produto com maior volume de vendas.

A cauda longa aparece num mercado de abundância, em que há muitos produtos culturais para se escolher. Inevitavelmente, alguns serão mais populares que outros, resultando em caudas longas nos mais diversos setores da indústria cultural (Anderson, 2006). Um exemplo é a cauda longa do jornalismo (Belochio, 2009) – ao passo que os jornais tradicionais representam os *hits*, com mais acessos, as publicações criadas por amadores, como *blogs* pessoais ou *sites* colaborativos para publicação de notícias sobre a comunidade da qual os usuários fazem parte, estariam situadas em um mercado de nicho.

Em seu livro, Anderson (2006) aborda ainda as três forças da cauda longa. A primeira, a democratização das ferramentas de produção, refere-se à possibilidade de produção de conteúdo por amadores. Quer dizer, não só profissionais têm acesso a elas – por exemplo, qualquer um pode utilizar um serviço gratuito para criar um *blog* e produzir textos e fotos sobre uma temática específica. Essa força da cauda longa está diretamente associada à liberação do polo da emissão como princípio da cibercultura remix (Quadro 2.1).

A segunda, a redução dos custos de consumo pela democratização da distribuição, eleva o acesso a produtos de nicho que antes talvez não fossem tão consumidos. Nesse cenário, o computador fez de todo mundo um produtor de conteúdo, mas a internet, por seu turno, também os tornou distribuidores (Anderson, 2006).

A democratização da distribuição está relacionada também à ligação entre oferta e demanda, a terceira força. Por intermédio de recomendações e filtros, é possível ser informado sobre produtos culturais antes desconhecidos, o que provoca uma nova revalorização de produtos de nicho, que só fazem sentido quando há um público à procura deles, nota Anderson (2006).

Os próprios *blogs* podem ser um bom espaço para encontrar recomendações de produtos que talvez fora da internet nem seriam conhecidos. O acesso à ferramenta de produção (computador conectado à internet) permite que um usuário crie um texto sobre um produto digital de nicho e, graças à democratização da distribuição, publique-o em um *blog*. Um usuário pode chegar a esse conteúdo acessando esse espaço regularmente, ou por meio de uma ferramenta de busca, e se interessar por adquirir o produto mencionado na postagem do *blog*, o que acaba por estabelecer uma ligação entre oferta e demanda.

As três forças da cauda longa estão sistematizadas no Quadro 2.3.

Quadro 2.3 – As três forças da cauda longa

Democratização das ferramentas de produção	Não só profissionais podem produzir conteúdos – amadores também possuem acesso às ferramentas digitais de produção.
Redução dos custos de consumo pela democratização da distribuição	Produtos digitais não ocupam espaço físico de prateleiras, o que faz com que a distribuição seja facilitada pela internet. O consumo de um não impede o consumo por outro.
Ligação entre oferta e demanda	Recomendações e filtros permitem que se fique sabendo de produtos de nicho que, do contrário, não seriam conhecidos ou descobertos.

Fonte: Elaborado com base em Anderson, 2006.

Em síntese, a cibercultura tem características e elementos distintos, que permitem a criação de remixes por amadores, a disponibilização desses conteúdos em espaços comuns (os *commons*), como os *blogs*, e o acesso a produtos de nicho ao lado de produtos populares, por conta do acesso facilitado à cauda longa da informação.

Síntese

Neste capítulo, tratamos do processo de produção de conteúdos na *web*, suas práticas e os conceitos que envolve. Vimos que, cotidianamente, estamos sempre criando ou remixando conteúdos, visando difundi-los em inúmeros espaços, como *blogs* e *sites* de mídias sociais. Com base nesse fato, explanamos as noções de cultura remix, *Commons*, culto do amador, bem como a teoria da cauda longa.

Questões para revisão

1. De acordo com Lemos (2005), o processo de remixagem é um dos pilares que sustentam a cibercultura. Sobre o remix, assinale a alternativa correta:

    a) Representa uma prática comum nas comunidades virtuais, sendo incentivado pelas grandes empresas produtoras de conteúdo da internet.

    b) Pode ser considerado sinônimo de *colagem*.

    c) Ele é uma consequência do amplo domínio da indústria musical sobre o ciberespaço.

    d) Trata-se de um processo tecnológico desenvolvido pelo DJ nova-iorquino Larry Lessig.

    e) Baseia-se na apropriação criativa de conteúdos digitais realizada pelos usuários, marcadamente se diferenciando dos usos dos produtores originais.

2. Em 2007, Keen publicou a obra *O culto do amador*, na qual argumenta que a produção amadora largamente difundida na internet poderia significar o fim da cultura. Assinale a alternativa que melhor representa o argumento do teórico:

    a) As apropriações de conteúdo por parte dos amadores, embora bem-vistas pelos grandes conglomerados midiáticos, desvirtuam o caráter original das obras.

b) Embora possa ser considerado "tecnófobo", Keen sustenta que as apropriações amadoras constituem uma força produtiva criadora e revolucionária.

c) Como os interesses dos produtores amadores podem ser os mais diversos, eles podem acabar propagando informações falsas, superficiais ou errôneas.

d) Mesmo que não entenda a ação amadora como algo positivo, Keen considera os *blogs* uma ferramenta essencial à apuração da veracidade de informações na rede.

e) Keen simplesmente discorda da ideia de amadorismo, entendendo que a produção realizada pelos indivíduos deve ser considerada profissional.

3. Assinale a alternativa correta sobre o conceito da cauda longa:
   a) Na atualidade, os *hits* disputam espaço com um grande contingente de produtos de nicho.
   b) O gráfico da cauda longa remete ao princípio de Pareto, ou princípio 80/20, representando, nesse novo contexto, que 20% das receitas das empresas provêm de 80% de seus produtos.
   c) O termo foi popularizado por Anderson em um artigo publicado na revista Wired em 2006, mas já havia intitulado um livro do mesmo autor em 2004.
   d) A cauda longa emerge num mercado de escassez, em que há poucos produtos culturais à disposição.
   e) Pesquisadores como Belochio (2009) mostram que é impossível aplicar o conceito de cauda longa ao mercado jornalístico.

4. Os *blogs* tornaram-se um dos elementos mais populares da internet desde seu surgimento, no final da década de 1990. Esse tipo de estrutura de publicação permitiu a produção e a difusão de conteúdo próprio por usuários da rede sem a necessidade de conhecimentos sobre programação. Quais são as principais características dos *blogs*? Qual a relação dessas propriedades com as novas formas de publicação desenvolvidas com base nos *blogs*?

5. Explique as leis norteadoras dos processos de remixagem.

Questão para reflexão

1. Entre as grandes modificações que a era cibercultural trouxe às pessoas, está a ampliação das formas de consumo (produção, compra, venda, distribuição e mesmo circulação dos mais diversos tipos de bens), impactando fortemente produtos e serviços. Analisando a reestruturação dessas formas, relacione a dimensão dos *commons* ao culto do amador.

Capítulo

03

Cultura de fãs e suas práticas na cultura digital

Giovana Santana Carlos

Conteúdos do capítulo:

- Cultura de fãs.
- Cultura digital.
- Audiências ativa e passiva.
- *Fanfiction* e *fanart*.

Após o estudo deste capítulo, você será capaz de:

1. compreender a cultura de fãs e suas práticas no atual panorama midiático;
2. entender a produção e a distribuição de conteúdos pelos fãs e suas interfaces;
3. compreender o que é e como se estabelece o *fandom* digital;
4. explicar a produção de *fanfictions*, *fanarts* e *fanvideos*.

A cultura de fãs não é nova, porém obteve maior potencialidade e visibilidade devido ao cenário midiático contemporâneo. A internet e as tecnologias digitais possibilitaram ao fã diferentes oportunidades: entrar em contato com outros fãs por meio de espaços *on-line*; produzir e distribuir mais facilmente conteúdos e produtos baseados no texto midiático de que é fã; acessar mais prontamente essas e outras produções; aproximar-se dos produtores da indústria midiática; além de se tornar mais visível aos demais consumidores e produtores.

Conforme Jenkins (2008, p. 39), as comunidades de fãs foram "as primeiras a adotar e usar criativamente as mídias emergentes". Esse pioneirismo referente às novas tecnologias da comunicação pode ser visto em diferentes épocas, com distintas tecnologias, como a impressa e a eletrônica.

Em razão da potencialidade da comunicação e cultura digitais, certas atividades e práticas emergem, renovam-se e tomam grandes proporções. Se antes cartas e telefonemas aproximavam produtores e fãs, hoje os *sites* de redes sociais cumprem esse papel, por exemplo, por meio de *tweets* e *hashtags*. Se, no passado, o fã dedicava-se a escrever um texto baseado em sua série de TV favorita e fazia-o circular em um grupo mais restrito de fãs por meio do uso de papel, atualmente pode postá-lo em uma comunidade *on-line* voltada para essa prática ou para a série em si, alcançando um público mais amplo. Além disso, um fã que gostaria de adaptar para o audiovisual uma cena de seu livro favorito, ou mesmo parodiá-lo, encontra hoje, de forma mais acessível e facilitada, os meios para gravar e editar o vídeo (como *smartphones* e *softwares* de edição, por exemplo) e disponibilizá-lo para outros fãs em *sites* como o YouTube.

Podemos descrever essa realidade midiática sob o conceito de *cibercultura* (Lévy, 1999; Lemos, 2004) devido ao viés cultural do termo, isto é, de práticas culturais e estilos de vida relacionados às tecnologias da informação e comunicação (TICs). Como alerta Felinto (2011), entretanto, o uso dessa expressão vem decaindo, em contrapartida ao de outras, como *mídias digitais* e *new media* (Manovich, 2001), sendo *cultura digital* adotada pelo próprio autor para designar o conjunto de estudos que abordam a cultura tecnológica. Essa mudança relaciona-se ao contexto de surgimento do termo, nos anos 1990, quando a internet e as mídias digitais não eram parte de nossas vidas cotidianas como vêm sendo desde o primeiro decênio do século XXI. Tanto é que, em muitos casos, definir as realidades *on-line* e *off-line* como realidades separadas é mais adequado para uso metodológico que para uma descrição fidedigna da vida.

Se, nos anos 1990, para "entrar na internet", teríamos de buscar um computador – geralmente compartilhado por uma mesma família em casa ou em lugares específicos, como *lan houses* e escolas – em um dado momento do dia, com o intuito de realizar qualquer atividade, hoje, estamos conectados diretamente por intermédio de *smartphones* e outros aparelhos que carregamos conosco, podendo estar na fila do banco e conversando com alguém por meio de aplicativos como o WhatsApp. Não "entramos" mais na internet, já estamos nela[1], que, conforme Hine (2015), atualmente é embutida (*embedded*), corporificada e cotidiana: vivemos com ela sem percebermos, já que é invisível e ubíqua; criamos e compartilhamos conteúdos *on-line* em diferentes espaços, o que torna rotineiro seu uso e sua presença.

Ademais, vivemos uma cultura descrita por Jenkins (2008) como participativa, na qual os públicos, em oposição às limitadas possibilidades nas décadas anteriores, são convidados a participar; os meios de comunicação convergem, permitindo que se assista a um vídeo tanto na TV como no computador, além de que se acompanhe parte de uma história ou conteúdo, fictício ou não, em diferentes mídias (transmídia); e a inteligência coletiva reúne diferentes indivíduos para que, lançando mão de seus variados conhecimentos, ajam em prol de um objetivo comum.

Booth (2017) vai adiante ao defender a realidade midiática atual sob a ótica do que chama de "filosofia da brincadeira", ou *philosophy of playfulness*, isto é, um cenário dependente de uma cultura de ludismo: "mais do que nunca, a mídia que usamos cotidianamente têm sido personalizada, individualizada e feita para uso prazeroso. Brincamos com nossa mídia; é maleável em nossas mãos" (Booth,

---

1   É importante destacar que aqui nos referimos ao estágio médio e mais desenvolvido da internet e das mídias digitais na sociedade atual. Ainda encontramos realidades em que falta eletricidade ou a internet foi ofertada apenas recentemente.

2017, p. 8, tradução nossa). Isso direciona nosso olhar e o de outros pesquisadores para as práticas contemporâneas nos estudos de mídia. Para o autor, a *new media* é digital, interativa, atualizável e ubíqua, além de híbrida, ao possibilitar interações tanto de mídias digitais quanto físicas, *on-line* e *off-line*. Esse cenário fértil suscita inúmeras e específicas práticas que compõem a cultura de fãs, como veremos a seguir.

3.1
O fã e o *fandom* digital

Popularmente, fã é aquela pessoa que sabe tudo a respeito de um texto midiático, como uma franquia de ficção ou uma celebridade, acompanha seu desenvolvimento e busca todos os segredos e os mínimos detalhes sobre seu entorno, sendo, muitas vezes, associado ao *fanático*, palavra que dá origem ao termo, e visto de forma patológica.

Segundo Hills (2002), fãs são bem articulados e interpretam textos midiáticos de muitas e inesperadas formas, além de atuarem de maneira comunal, ou seja, com o *fandom*, o grupo de fãs. Para o autor, as ligações emocionais e as paixões marcam a existência da cultura de fãs, percebida como uma economia cultural na qual esses sujeitos produzem privilégio e distinção social mediante o investimento e o acúmulo de capital (Fiske, 1992); assim, o fã como colecionador, por exemplo, ganha destaque no *fandom*.

Booth (2017) descreve o surgimento do termo *fã* atrelado à comunicação e à cultura de massas por meio de avanços tecnológicos no entretenimento, como o cinema falado e a televisão, nos

Estados Unidos, nos anos 1930, repercutidos mundo afora. Cavicchi (2007, p. 247, tradução nossa), por sua vez, caracteriza o advento do *fandom* como um movimento de consumidores conscientes:

> Não apenas a tecnologia midiática criou uma separação espacial e temporal entre performistas e audiências no mercado, como também deu às audiências a habilidade de criar um envolvimento afetivo com os performistas ou os produtos, permitindo às pessoas experimentar, repetir e estudar tais "textos" na intimidade de seus lares, e incorporá-los ao tecido de suas vidas cotidianas.

Portanto, ser fã é mais do que gostar de um texto midiático, trata-se de colecionar, mostrar/performar, (re)interpretar e produzir (Alvermann; Hagood, 2000), com ênfase em elementos como comunidade e regularidade no consumo (Bielby; Harrington, 2007), podendo este ser considerado um consumo produtivo (Booth, 2017).

Um conceito clássico e ainda pertinente para fãs foi desenvolvido por Jenkins há cerca de 30 anos, apresentado no livro *Invasores de texto* (*Textual Poachers*). Baseando-se no historiador francês Michel de Certeau, Jenkins (2015) utiliza-se da metáfora de nômades que caçam em terras alheias para designar os fãs como aqueles que invadem textos midiáticos, apropriando-se deles e criando múltiplos significados baseados no que lhes interessa da obra original, sendo, desse modo, produtores ativos e manipuladores de sentidos.

Os fãs, na qualidade de invasores, evidenciam a luta entre a posse e o controle do significado dado pelo autor, bem como criam novos sentidos ao fazerem a leitura de diferentes textos; e esses são reforçados e consolidados pelas trocas e discussões dentro do *fandom*, demonstrando o caráter de coletividade desses sujeitos. Essa leitura do fã é, assim, "um processo social através do qual interpretações pessoais são moldadas e reforçadas através de discussões constantes com outros leitores" (Jenkins, 2015, p. 62).

O conceito de invasores de textos midiáticos foi desenvolvido no contexto do debate sobre audiência passiva *versus* audiência ativa, conferindo aos fãs o caráter de consumidores mais ativos que o restante da audiência, devido à experiência mais aprofundada que têm com o texto midiático. Embora esse conceito ainda caracterize fãs, Jenkins realizou sua pesquisa numa época em que a internet, de forma popular, dava seus primeiros passos; os *fandoms* eram considerados subculturas com pouca visibilidade, e suas práticas, pouco conhecidas fora de suas comunidades. Entretanto, mesmo em uma realidade midiática diferente da presente, ele já descrevia a aproximação daqueles sujeitos com os produtores das indústrias culturais.

Uma das características marcantes dos fãs é seu engajamento em relação a um ou mais textos midiáticos, algo facilmente reconhecível quando havia parcas possibilidades para isso e para a interação, mas que, na atualidade, pode dificultar a identificação dos fãs. No contexto em vigor, as mídias e os produtores convidam à participação o consumidor, que, conforme Booth (2015), "brinca de ser fã" (*playing fan*), e facilmente passa de fã a produtor oficial. O autor aponta o caso de E. L. James, a qual escreveu a obra *Cinquenta tons de cinza* como uma *fanfiction* baseada na saga *Crepúsculo*, de

Stephenie Meyer, indo de fã a escritora com suas próprias saga e adaptação cinematográfica. Soma-se a isso a visibilidade do *fandom* e de suas produções, complexificando, para teóricos como Booth (2015), a distinção entre indústrias culturais e fãs, possível há algumas décadas, como a proposta nos modelos comunicacionais e informacionais dos primeiros estudos de comunicação.

Para Booth (2017, p. 10, tradução nossa), *fandom*, nos dias de hoje, é definido como *fandom* digital, "não porque assume que há de forma inerente alguma diferença na maneira como a tecnologia digital afeta os fãs, mas porque muitas práticas de fãs criativas dependem das características do digital". O *fandom* digital representa uma comunidade coletiva, não apenas fãs como membros individuais; e não é somente um grupo que gosta de um objeto midiático, mas que cria conteúdo baseado nele. Trata-se de uma comunidade de pessoas que discutem entre si, trocam informações, brincam e conduzem negócios. Ou seja, o *fandom* digital é composto de consumidores-produtores que compartilham, experimentam juntos e são híbridos, pois estão presentes tanto *on-line* quanto *off-line*.

O *fandom* digital é caracterizado por três aspectos, segundo Booth (2017): (1) a desmediação, (2) a economia digi-grátis e (3) o caráter lúdico. O autor chama de "desmediação", ou *desmediation*, o processo pelo qual os fãs dão forma às mídias, buscam fugir da mediação e procuram por experiências imediatas. Já a economia digi-grátis é uma mistura de economia de mercado e economia de dádiva, a qual retém simultaneamente características de ambas. Ela indica uma estrutura econômica onde não há [necessariamente] troca monetária, mas que retém elementos de uma estrutura de mercado. Em uma economia "grátis", pessoas criam e compartilham conteúdo sem cobranças ou recompensas, ou, pelo menos, cobrando uma taxa variável determinada pelo usuário. Em muitos sentidos, essa troca está relacionada à economia da dádiva descrita por Mauss como aquela em que "trocas e contratos acontecem na forma de presentes...". A economia da dádiva constrói laços sociais – por exemplo, levamos vinho ou aperitivos para uma janta não porque acreditamos que nossos anfitriões precisam disso, mas porque criamos um ambiente social para nossa relação se desenvolver. Fandom e comunidades de fãs têm sido por muito tempo ligadas à economia da dádiva. Essa estrutura econômica, em muitos aspectos, difere de nossa ideia contemporânea de economia de mercado, na qual produtos e serviços são trocados por recompensa monetária, e na qual o propósito é construir riqueza. (Booth, 2017, p. 35, tradução nossa)

O caráter lúdico diz respeito à filosofia da brincadeira, citada anteriormente, em que impera o prazer no universo midiático. Além dessas características, são essenciais para o entendimento do *fandom* digital os conceitos de *produsage*, de Bruns (2008), e cultura de remix, de Manovich (2001): o primeiro designa aquele que tanto produz quanto consome um produto ou conteúdo; o segundo expõe a apropriação de material, não apenas mixando diferentes conteúdos, mas também diferentes mídias.

Partindo da compreensão das características do fã e do *fandom* digital, a seguir, apresentaremos algumas práticas de fãs comuns na cultura digital.

3.2
Práticas de fãs

Por *práticas*, entendemos aqui, fundamentados em autoras como Ardèvol e Cornelio (2007) e Escosteguy (2011), os processos produtivos resultantes da interação entre os indivíduos e as mídias, de forma a moldar a cultura de fãs e a cultura digital.

As práticas realizadas por fãs são diversas, variando, de acordo com o *fandom*, em termos de reconhecimento e volume de produção. Podem partir do *fandom* para o próprio *fandom* ou serem cooptadas pelas indústrias culturais, como no caso da escritora E. L. James, citado há pouco.

Examinaremos, neste ponto, as mais recorrentes na literatura dos estudos de fãs, caracterizadas por apresentarem-se em si como produções de fã (*fanwork*): **fanfiction**, *fanart*, *fanvideos* e traduções, associando-as com duas outras práticas colaborativas, assim como o fazem Amaral, Souza e Monteiro (2015): ativismo e mobilizações.

Considerando os conceitos explanados anteriormente, veremos como todas as práticas compartilham características que marcam a cultura de fãs, isto é, são colaborativas (sejam em grupos formados ou não) e feitas em comunidade por consumidores-produtores (os *producers*), que, em prol do *fandom*, oferecem e repartem suas *expertises* (inteligência coletiva).

∴ Fanfiction

Fanfiction designa a ficção escrita por fãs e sem fins lucrativos. Sua popularidade e seu reconhecimento são creditados a textos, as chamadas *fanfics*, oriundos da série televisiva *Star Trek*, nos anos 1960. No Brasil, contudo, foi difundida pelos fãs da saga literária e cinematográfica *Harry Potter* a partir dos anos 2000, ano em que foi lançado o primeiro livro no país (Vargas, 2015).

Essa prática pode basear-se em diversos conteúdos midiáticos, como televisivos, cinematográficos e musicais, e as *fanfics* podem ser classificadas de diferentes formas. Por exemplo, se a história apresenta relações homoafetivas, é denominada *slash* (relação entre homens) ou *femlash* (relação entre mulheres). Outras designações referem-se ao teor do texto, como *fluffy*, se este for açucarado, ou *hentai*, se contiver cenas de sexo explícito; há ainda o *crossover*, que é a junção de dois ou mais *fandoms*. Existem, então, diversas categorias para que o leitor esteja ciente do conteúdo do material ao buscar uma leitura.

O escritor de *fanfics* é chamado de *fanfiqueiro* e descrito por Vargas (2015, p. 22) como um leitor que

> vai além no seu processo de interpretação e encoraja-se a registrar seu trabalho, fruto de suas especulações, que se torna mais elaborado à medida que passa a ser escrito. Embora, atualmente, a criação de episódios extras ainda seja o grande atrativo da prática, também podem ser encontradas

fanfictions cuja extensão e trama permitem classificá-las como verdadeiros romances, e mesmo os originais, que lhes dão vida, não estão mais restritos a séries televisionadas.

Nesse sentido, *fanfics* são claras demonstrações do conceito de invasores de textos, uma vez que os fãs exploram os textos midiáticos oficiais e deles se apropriam de forma particular, elaborando, assim, uma narrativa própria.

Apesar de a *fanfiction* parecer uma prática solitária, pode ser empreendida por vários fãs: aquele que escreve a história, os que a revisam (*beta readers*) e os que criam imagens de capa para ela (capistas).

Inicialmente, as *fanfics* eram distribuídas em fanzines[2], porém, com a internet, passaram a ser publicadas em diferentes espaços *on-line*. Atualmente, entre os principais *sites* de *fanfiction* internacionais, também com textos em português, estão: AO3 (<https://archiveofourown.org>), Fanfiction.net (<https://www.fanfiction.net>) e Wattpad (<https://www.wattpad.com/>). Já em português, destacam-se: Spirit Fanfics e Histórias (<https://www.spiritfanfiction.com>) e Nyah! Fanfiction (<https://fanfiction.com.br>). Além dessas, outras plataformas não exclusivas dessa prática são usadas, como o Tumblr.

---

2   *Fanzine* também é uma prática de fã, uma espécie de revista ou jornal que pode conter diferentes conteúdos textuais e imagéticos. Como sua produção atual, à semelhança de sua origem, ainda se mantém fortemente ligada ao papel físico, optamos por não abordar essa prática aqui.

Para saber mais

O vídeo apresenta a discussão sobre a profissionalização de fãs que, a partir de suas *fanfictions*, tornam-se escritores profissionais publicados por editoras e como a prática vem impactando o mercado literário.

A CULTURA de fãs e as fanfics. **Editora Sinestesia**, 27 nov. 2017. 10 min. Disponível em: <https://youtu.be/HHxVfrUCJNw>. Acesso em: 7 jun. 2020.

∴ Fanart

Como o nome sugere, *fanart* é a arte gráfica produzida por fãs, mediante o uso de materiais diversos, como lápis, tintas ou recursos digitais, e pode ser mera cópia de algo já existente (como a reprodução de um pôster de cinema) ou uma criação autoral inspirada na obra original. Essa prática precede a internet, é comumente encontrada em revistas especializadas e, assim como as *fanfics*, categorizada de múltiplas formas, englobando de uma única imagem estática a histórias em quadrinhos ou figuras animadas, como é o caso de GIFs. Ademais, a confecção de capas para *fanfictions*, citada anteriormente, pode configurar-se em *fanart*, por exemplo.

"Dentro dos *fandoms*, é importante destacar os grupos de pessoas – os chamados *'blenders'*, produtores dessas artes – que produzem material por demanda, ou seja, existem fóruns específicos onde fãs fazem o pedido da arte que desejam" (Amaral; Souza; Monteiro, 2015, p. 147). Geralmente, *fanarts* são feitas de forma gratuita, mas podem ser comercializadas, já que se entende que sua produção é um trabalho, e não apenas um *hobby*.

O *site* mais popular para a divulgação de *fanarts* é o DeviantArt (<https://www.deviantart.com/>). Além dele, desde 2016, o canal de televisão Cartoon Network oferece o domínio <www.cnfanart.com/br> como "lugar oficial para mostrar, descobrir e explorar todas as Fan Arts do Cartoon Network" (Cartoon Network, 2020), pedindo aos usuários para compartilhar e favoritar seus desenhos preferidos, e o mais votado recebe destaque no *site*. Nesse espaço, é possível visualizar os desenhos por programa televisivo ou todos reunidos; e, acessando a *hashtag* que dá nome ao *site*, #cnfanart, também se encontram imagens compartilhadas em redes sociais.

Esse caso evidencia como a indústria cultural pode cooptar práticas de fãs a seu favor, pois o referido *site* faz com que esses sujeitos sintam-se valorizados ao mesmo tempo que eles geram conteúdo gratuito e promocional para o canal.

Cabe destacar que, apesar de nesse *site* predominarem desenhos a lápis, em outros, como no DevianArt, percebemos mais facilmente que se somam a obras feitas por meio do uso de *softwares* e identificadas como #digitalart. Há, ainda, os desenhos resultantes da combinação entre imagem física e digital, os quais ilustram a relação *off-line* e *on-line* que caracteriza o *fandom* digital.

Para saber mais

No vídeo, o quadrinista Thiago Spyked, da Editora Crás, explica as diferenças entre direitos autorais e *copyright* de imagens, além de como algumas *fanarts* estão no limbo jurídico, isto é, como empresas aceitam ou não, sob certas condições, sua comercialização não autorizada.

FANART me dá direitos autorais? **Crás: Conversa Oficial**, 16 set. 2015. Disponível em: <https://www.youtube.com/watch?v=2i8Tlk8u7_s>. Acesso em: 7 jun. 2020.

∴ Fanvideos

A produção de material audiovisual por fãs (*vidding*) recebe distintas nomeações conforme o vídeo em questão. As principais são: *fanfilms*, longas ou curtas-metragens; *fan trailers*, trailers baseados noutras obras audiovisuais ou mesmo impressas, como livros; e *anime music video* (AMV), clipes musicais constituídos por cenas de desenhos animados japoneses (*animês*).

Devido às demandas tecnológicas para sua criação, conforme Curi (2005, p. 40), *fanvideos* só se tornaram possíveis com o acesso "a diferentes formas de edição de imagem e som", o que ocasiona a variação de qualidade dessas obras, de amadoras a profissionais. Ainda segundo o autor:

Com a popularização de programas de edição não linear, puderam aperfeiçoar suas criações e abrir espaço para o que viria depois: os *fan films*. *Fan videos* são clipes feitos com trechos de uma série de televisão ou filme, que tenham uma temática em comum, utilizando uma música qualquer. Um fã pode, por exemplo, fazer um clipe com uma música romântica, mostrando diferentes cenas do Batman em que ele interage com uma mulher. Em uma variação multimídia do *slash*, um clipe poderia ser produzido com a mesma música e imagens descontextualizadas do mesmo Batman nos momentos em que ele aparece junto com Robin, seu parceiro nas histórias em quadrinhos, sugerindo um romance entre os dois. Outra forma de *fan video* é a construção de novos episódios a partir de trechos editados, a mistura entre duas séries, assim como a criação de *trailers* de cinema diferentes dos que circulam oficialmente em sessões comerciais ou na televisão. (Curi, 2005, p. 40)

Um caso famoso de *fanfilm* é o do fã da saga *Harry Potter* Gianmaria Pezzato. O italiano coordenou uma campanha *on-line* de financiamento coletivo e, com ela, arrecadou cerca de 30 mil dólares para criar um filme sobre o vilão Voldemort (Filme..., 2018). Obtendo autorização da Warner Bros. para produzi-lo sem fins lucrativos, Pezzato escreveu o roteiro, dirigiu e protagonizou *Voldemort – Origins of the Heir*, lançado em 13 de janeiro de 2018 no YouTube[3], alcançando, em abril de 2021, a marca de mais de 17 milhões de visualizações.

Além de *sites* voltados para a divulgação de *fanvideos* em geral, como o YouTube, há específicos, como o FanFilms (<https://www.fanfilms.net>), no qual é possível pesquisar um vídeo indicando-se a obra original que o inspira.

∴ Traduções

Chamam-se *traduções* duas práticas parecidas, porém distintas em seu formato midiático: *fansubbing* e *scanlation*, ou seja, tradução e legendagem de audiovisuais, e tradução e edição de histórias em quadrinhos, respectivamente. Aqui, agrupamos essas práticas por percebermos que envolvem os fãs de forma similar, já que são desenvolvidas principalmente por grupos, nos quais cada componente contribui com suas habilidades para a conclusão de parte do trabalho. Esses grupos podem ser encontrados em suas próprias redes sociais, *sites* ou *blogs*, e seus trabalhos em *sites* agregadores permitem a visualização a partir dos títulos originais.

Ademais, ambas são, na maioria das vezes, executadas gratuitamente ou mediante pedidos de doações para manutenção dos servidores *on-line* devido ao grande volume de material que hospedam. Para a feitura das traduções, convidam-se membros do

---

3 Caso deseje assisti-lo, acesse: VOLDEMORT: Origin of the Heir – an Unofficial Fanfilm. **Tryangle Films**, 13 jan. 2013. 52 min. Disponível em: <https://www.youtube.com/watch?v=C6SZa5U8sIg>. Acesso em: 7 jun. 2020.

fandom a integrar os grupos, cujas reuniões e tomadas de decisão acontecem via internet.

Em oposição às práticas citadas anteriormente, as traduções se destacam por visarem divulgar o título original, quando este não é licenciado oficialmente no país, ou ajudar a comunidade de fãs, por exemplo, quando um título foi descontinuado ou levará tempo para ser lançado. Em alguns casos, os grupos de traduções são tão ágeis que, em questão de horas da transmissão do audiovisual ou da publicação da história em quadrinhos em seu país de origem, os fãs já apresentam as traduções para fruição do *fandom*. Isso acontece especialmente com episódios finais de séries de TV ou capítulos finais de quadrinhos.

Fansubbing, ou *legendagem* (*subtitling*), é a prática de legendar audiovisuais estrangeiros (séries de TV, filmes, animações, documentários, *reality shows*), que é realizada pelo *legender*, ou *fansubber*. Conforme Sigiliano e Borges (2018), ela envolve em média sete pessoas e é dividida em quatro etapas: 1) tradução; 2) sincronia de legendas com o vídeo; 3) revisão; e 4) postagem da legenda em formato .srt. As autoras citam o Legendas TV (<www.legendas.tv>), criado em 2006, como o maior *site* agregador de legendas em atividade no Brasil, com mais de 280 mil legendas disponíveis gratuitamente para *download* e mais de 1,3 milhão de acessos mensais. Como o *site* só possibilita "baixar" a legenda, é necessário buscar o vídeo em outro local.

Do inglês *scan*, ou "digitalizar", e *translation*, ou "tradução", *scanlation* é a prática de traduzir histórias em quadrinhos, que é realizada por um sujeito (ou grupo) denominado *scanlator*. Conforme Carlos

(2011), apesar de abarcar obras de diferentes nacionalidades, a maioria encontrada em português é de origem japonesa, os chamados *mangás*. Além disso, é constituída por 6 etapas: (1) digitalização da página física da obra; (2) tradução; (3) limpeza (*clean*), isto é, apagamento de defeitos como detalhes da página anterior que vazam na seguinte; (4) edição, na qual todos os elementos são agregados; (5) revisão; e (6) distribuição. Os títulos podem ser baixados em formato .rar (compactados em pastas) para serem lidos em espaços *on-line* dos *scanlators* ou *sites* agregadores de títulos, como o Central de Mangás (<http://cdmnet.com.br/>).

Nessa prática, a economia digi-grátis é percebida nos comentários deixados por fãs nas páginas *on-line* de distribuição das *scans*. Em sua pesquisa, Carlos (2011) observou como os entrevistados destacam a importância de *feedbacks* elogiosos como motivação para a continuidade da prática. Inclusive, houve reclamações quando não havia comentários, o que traz à tona a importância desse retorno por parte daqueles que usufruem do trabalho dos *scanlators*.

Percebendo a popularidade do *scanlation*, uma companhia japonesa de quadrinhos convidou os fãs para o praticarem oficialmente. No antigo *site* do Digital Manga Guild (<http://www.digitalmangaguild.com/>, agora indisponível), o fã podia inscrever-se para executar uma das funções do processo de tradução. A principal procura era por tradutores do japonês para o inglês, mas também de outras línguas, como espanhol e chinês. Os títulos são vendidos no *site* eManga (<https://emanga.com/>) e uma proporção do lucro é paga aos fãs. Assim, além da atividade configurar-se como *hobby*, torna-se profissão em razão da remuneração legalizada.

Em ambas as atividades, é possível notar elementos que as diferem das práticas oficiais de tradução, pois os *fansubbers* e os *scanlators* agregam conteúdos às mídias originais. Nas legendas, podem aparecer comentários breves sobre o episódio ao final da última cena, ou mesmo comentários avisando que há mais cenas após os créditos. Nos *scans*, pode haver páginas extras com diferentes conteúdos, como recrutamento para o grupo, páginas coloridas quando as originais são em preto e branco, entre outros.

∴ Demais práticas

Conforme Amaral, Souza e Monteiro (2015), entre as práticas de fãs na cultura digital inserem-se o ativismo e a mobilização. Uma de suas principais promovedoras são as redes sociais, que conectam fãs com celebridades e com outros fãs e estimulam o engajamento em prol de diferentes causas. Na atualidade, é comum causas políticas adquirirem visibilidade e relevância primeiro no âmbito do entretenimento. Segundo as autoras:

> Celebridades como Lady Gaga e George Takei conseguem engajar sua base de fãs em campanhas de ativismo ou em causas contra o bullying ou favoráveis ao casamento igualitário.
>
> A característica da mobilização através das redes de fãs via adoção de causas pode vir diretamente da celebridade ou

emergir espontaneamente do próprio *fandom*, que se organiza de várias formas: *hashtags* no Twitter, ou *blogs* e *crowdfundings* [...]. (Amaral; Souza; Monteiro, 2015, p. 143)

Mobilizações são bastante comuns, por exemplo, para ajudar algum artista a ganhar prêmios, a alcançar níveis volumosos de visualizações em seus clipes musicais ou, ainda, a entrar na lista dos *trending topics* do Twitter. Esses casos, em que fãs se concentram para alavancar seus artistas, as autoras denominam *maratona*.

Outra mobilização é a "shippagem", prática que se originou principalmente na *fanfiction*, na qual fãs torcem para os casais de que mais gostam em suas obras midiáticas preferidas (fictícias ou não). O termo vem do inglês *relationship*, ou "relação", e é comum identificá-lo na aglutinação dos nomes de cada componente do casal. Amaral, Souza e Monteiro (2015, p. 159) destacam shippagens famosas na TV brasileira com caráter político, como a do casal Félix e Niko, o #feliko, na telenovela *Amor à vida*, e a discussão que a inserção de um beijo gay entre eles em canal aberto provocou, abraçando, entre outros, "assuntos de difícil recepção com o grande público".

Uma shippagem famosa na cultura brasileira digital, que se originou entre fãs, mas atualmente circula fora dessa comunidade, é a de um casal composto por celebridades reais: #Felena. Em 2016, uma *fanfic* sobre o apresentador televisivo brasileiro Fausto Silva, o Faustão, e a cantora norte-americana Selena Gomez viralizou por meio de memes na internet, repercutindo enormemente em diferentes formatos midiáticos. Ao mandar um abraço para telespectadores que tuitaram ao programa, Faustão citou o nome da cantora e virou piada na internet[4]. A vida pessoal e amorosa real de Selena foi, a partir disso, misturada com o fictício relacionamento na *fanfic You Are My Love, My Destruction* (Você é meu amor, minha destruição)[5]. Atualmente, ainda é possível encontrar novos conteúdos baseados nessa shippagem, como um *trailer* da *fanfic*, publicado em novembro de 2018, sob o título de *Domingão do amor com Faustão e Selena (Big Sunday of Love)*[6].

O caso #Felena exemplifica vários pontos já explanados: (1) a prática de fãs, pois é preciso conhecer a vida dos personagens para criar o romance, que, por mais fictício que seja, considera elementos reais de ambas celebridades; (2) que práticas de fãs podem basear-se em práticas de fãs (Costa, 2015), visto que, por exemplo, inspiradas numa *fanfic*, podem emergir outras práticas diversas; e, por fim, (3) que uma prática pode repercutir fora da comunidade de fãs e envolver aqueles que não o são, mas brincam de ser, como apontado por Booth (2015) e afirmado anteriormente.

- - - - -

4 Confira os detalhes em: FAUSTÃO dedica quadro a Selena Gomez e as pessoas levam o fato longe demais. **Estadão**, 24 out. 2016. Disponível em: <https://emais.estadao.com.br/noticias/gente,faustao-dedica-quadro-a-selena-gomez-e-as-pessoas-levam-o-fato-longe-demais,10000084055>. Acesso em: 7 jun. 2020.

5 A *fanfic* pode ser lida em: ERICAZINHAW. You are My Love, My Destruction. **Spirit Fanfiction**, 2014-2016. Disponível em: <https://www.spiritfanfiction.com/historia/you-are-my-love-my-destruction faustao-e-selena-2369005>. Acesso em: 7 dez. 2020.

6 O vídeo pode ser visto em: DOMINGÃO do amor com Faustão e Selena (Big Sunday of Love). 28 nov. 2018. 1 min. Disponível em: <https://www.youtube.com/watch?v=LruIV9eK5HE>. Acesso em: 7 jun. 2020.

Síntese

Neste capítulo, explicamos que a realidade midiática atual permite uma maior expressão da cultura de fãs, colocando-a em evidência e ofertando recursos para práticas específicas. Destacamos também que, nessa conjuntura, o contato entre fãs e indústrias culturais é mais intenso, assim como há a profissionalização dos fãs e a cooptação de suas práticas pelas indústrias.

Buscamos esclarecer o que é fã e diferenciá-lo de um público engajado, apresentando suas práticas, com ênfase na cultura digital, e exemplificando, por meio de diferentes casos, como os conceitos aplicam-se ao mundo real e como fãs e produtores podem, a seu favor, apropriar-se da cultura de fãs.

Vimos também, examinando suas práticas (*fanfiction*, *fanart*, *fanvideo* e traduções), que fãs são consumidores-produtores; normalmente agem de forma coletiva e colaborativa; apropriam-se dos textos midiáticos que lhes interessam e moldam-nos conforme seus desejos; e atuam principalmente *on-line*, mas também *off-line* – o que os caracteriza dentro do *fandom* digital.

Examinamos, por fim, como o âmbito do entretenimento, definido por seu caráter lúdico, pode ser a porta de entrada para discutir assuntos sérios, como de caráter político. E, ainda, como mobilizações como a shippagem podem originar-se em práticas de fãs e, inclusive, expandir-se para além do *fandom*, obtendo espaço na cultura digital de um público geral.

Com isso, possibilitamos a percepção de que as culturas de fãs e suas práticas promovem a reflexão sobre questões que devem ser aprofundadas e refletidas para a construção e a compreensão da realidade contemporânea, como as referentes à propriedade intelectual e ao trabalho/*hobby* na cultura digital.

Questões para revisão

1. Segundo Jenkins (2008), estamos imersos numa cultura participativa, situação que implica:
    a) a pouca relevância da participação do público, apesar de cada vez mais constante, nas decisões de empresas e instituições no ambiente *on-line*.
    b) a caracterização da internet como embutida, descorporificada e esporádica, o que faz com que vivamos sempre em tensão com a rede.
    c) a criação e o compartilhamento de conteúdos *on-line* efetivarem-se em espaços predeterminados, sob a lógica da ordenação necessária à existência e ao funcionamento do ciberespaço.
    d) a recusa do processo de convergência midiática.
    e) a conformação de processos crossmidiáticos e transmidiáticos.

2. Sobre a cultura de fãs, é correto afirmar:
    a) Para Booth (2017), o surgimento do termo *fã* está atrelado ao desenvolvimento dos meios de comunicação e da cultura de massas em virtude de avanços tecnológicos no entretenimento, como o cinema falado e a televisão, nos Estados Unidos nos anos 1830.

b) Para Cavicchi (2007), a tecnologia midiática criou uma separação espacial e temporal entre performistas e audiências no mercado, inibindo as audiências de criarem envolvimento afetivo com performistas ou produtos.

c) Para Bielby e Harrington (2007), sua compreensão passa pela atenção a elementos como a constituição de comunidades e o consumo errático de conteúdos direcionados.

d) Para Alvermann e Hagood (2000), o indivíduo considerado fã é caracterizado por, mais do que gostar de um texto midiático, realizar ações como colecionar, mostrar/performar, (re)interpretar e produzir conteúdos acerca do objeto/sujeito de admiração.

e) Para Jenkins (2015), o conceito de invasores de textos midiáticos foi desenvolvido no contexto de um debate acerca da audiência passiva *versus* audiência inativa.

3. De acordo com Booth (2017), o *fandom* é, na atualidade, instituído como *fandom* digital, tendo em vista que as práticas criativas de fãs são, em grande parte, possibilitadas pela dimensão digital. Sobre as características desses conjuntos, é correto afirmar:

    a) Fazer parte de um *fandom* não significa apenas ter apreço ou consumir um objeto/indivíduo midiático, mas produzir conteúdo baseado nele.

    b) Para Booth (2017), uma das características do *fandom* digital é seu caráter realista acerca do objeto/indivíduo.

    c) Desmediação é o processo de substituição das mídias digitais pelas analógicas na produção de conteúdo.

d) A chamada *economia digi-grátis* engloba processos econômicos de mercado e sistemas de compartilhamento de dados por estruturas de *big data*.

e) A "filosofia da brincadeira" é um fenômeno que afeta a credibilidade do *fandom* digital, sendo evitado ao máximo pelos membros da comunidade.

4. *Fanfiction* designa a ficção escrita por fãs e sem fins lucrativos, podendo advir de vários conteúdos midiáticos, como televisivos, cinematográficos e musicais. Considerando o exposto no capítulo, por que essa atividade pode ser considerada uma prática de fãs?

5. Por que as práticas de fãs na cultura digital fortaleceram ações de ativismo e mobilização?

Questão para reflexão

1. Uma nova realidade traz elementos fascinantes. A explosão de conteúdos decorrentes da devoção dos fãs e, em grande medida, a maximização dos processos que envolvem cultura *pop* e cibercultura têm na constituição de *fandoms* e outras expressões relacionadas uma dimensão revolucionária. Pensando em usos inovadores da tecnologia em entrelaçamento às dinâmicas socioculturais das práticas de fãs, produza uma obra que congregue diferentes elementos artísticos e digitais.

Capítulo
04

Comunidades virtuais, esfera pública e poderes da articulação na rede

Maíra Bittencourt

Conteúdos do capítulo:

- Comunidades virtuais.
- Esfera pública virtual.
- Linguagem digital.
- Desterritorialização e identidade no contexto virtual.
- Mundo cíbrido.

Após o estudo deste capítulo, você será capaz de:

1. compreender o processo de construção de comunidades virtuais;
2. explicar o fim dos limites entre os mundos *on-line* e *off-line*;
3. entender as lógicas de mobilização nas mídias digitais;
4. identificar os processos de desterritorialização e construção de identidades virtuais.

A articulação em redes e a mobilização dos mais distintos grupos no contexto virtual constituem uma realidade possível por meio das mídias digitais. Na promoção de conexões, as tecnologias unem agentes de diferentes localizações geográficas, rompendo fronteiras e distâncias e aproximando-os em virtude de interesses comuns. Essa realidade reconfigura a esfera pública, por intermédio dos processos de digitalização, em esfera pública virtual. Neste capítulo, examinaremos esses novos processos na perspectiva de conceitos formulados em função do referido panorama: a formação das comunidades virtuais, a linguagem digital, a desterritorialização, a identidade virtual e o cibridismo, bem como o fim das barreiras entre os mundos virtual e real.

4.1
Comunidades virtuais

O conceito de comunidades virtuais não é recente; foi descrito pelo pesquisador norte-americano Howard Rheingold em 1993. Em um período no qual a maior parte dos estudiosos sociais relacionava o conceito de comunidade à questão do território, ele expandiu o pensamento e defendeu a ideia de que, com a apropriação da tecnologia, os seres humanos, que sempre buscaram grupos territoriais (pessoas próximas fisicamente), passaram a formar comunidades e agrupamentos no espaço virtual.

Essas comunidades seriam, sob tal ótica, grupos virtuais de discussão e produção de conhecimento a respeito de um tema específico, nos quais ocorre, em virtude da longa e recorrente interação no ciberespaço, a criação de laços de familiaridade, amizade e entendimento entre os membros. Conforme Rheingold (1993, tradução nossa), "são agregações sociais que emergem da *net* quando as pessoas desenvolvem essas discussões públicas por tempo suficiente, com suficiente sentimento humano, para formar redes de relações pessoais no ciberespaço".

Com base nessa definição, é possível pensá-las como sendo agrupamentos de indivíduos que, mesmo em localizações distintas, relacionam-se por meio da comunicação a distância. Seus integrantes estabelecem essa conexão em torno de uma pauta, tornando-as espaços de troca de informações e experiências sobre temáticas e assuntos comuns. Assim, o fator de união (o que gera a comunidade) não é apenas a plataforma ou o espaço virtual, mas as discussões, as conversações e as interações entre os sujeitos.

Nessa perspectiva, em 1995, o pesquisador brasileiro Marcos Palacios afirmou que as comunidades virtuais modificaram o relacionamento interpessoal e a maneira de discutir assuntos. Se antes, na vida rotineira, as pessoas primeiro se encontravam fisicamente, conheciam-se e depois debatiam, nas comunidades virtuais, "interagimos inicialmente, de maneira muitas vezes profunda, em função de interesses comuns previamente determinados, conhecemos as pessoas e, só então, e quando possível, encontramos fisicamente tais pessoas" (Palacios, 1995, p. 4). Esses coletivos organizam-se e são interconectados pelas mídias digitais. Nesse contexto, a pauta, o tema ou o assunto é, portanto, mais importante do que o relacionamento interpessoal preexistente ou o tipo de ligação afetiva, social ou familiar entre os seres. Focaliza-se o processo de conversação, que vem a construir, posteriormente, a opinião pública.

Lévy (1999, p. 130) indica outra nomenclatura para esse tipo de relação: "'Comunidade atual' seria, no fundo, muito mais adequada para descrever os fenômenos de comunicação coletiva no ciberespaço do que 'comunidade virtual'". Já Recuero (2006, p. 128) entende que "o conceito de comunidade virtual é amplo e compreende, simplesmente, grupos sociais, como os vários estudos mostram. A única característica comum, de tais grupos, parece ser a presença de capital e interação social e laços decorrentes deles". Esse pensamento é próximo do defendido por Palacios (1995) quando assume que o mais importante é a interação, e não o tipo de relação dos usuários.

No livro *O príncipe digital* (Bittencourt, 2016), propusemos o conceito de comunidades virtuais organizadas. Essa noção esclarece que o encontro dos usuários e as discussões entre eles, indo de consensos a dissensos, podem resultar em alguma forma de intervenção social ou pessoal, seja uma simples mudança de opinião ou o reforço desta, seja uma ação efetiva – isto é, as comunidades virtuais organizadas, agindo em prol da causa discutida, seriam, então, responsáveis por pequenas e grandes transformações intelectuais ou sociais, internas ou externas.

Diferentemente do que pode parecer, esse modelo de mobilização virtual que transborda para o espaço físico não é algo novo; teve início há mais de duas décadas com o Movimento Zapatista[1], passando pela Batalha de Seattle[2] e chegando aos processos eleitorais de 2016 nos Estados Unidos e de 2018 no Brasil. Conforme Malini e Antoun (2013, p. 131), esses manifestações

> surgiram na internet baseadas em uma multiplicação do conhecimento produzido e apropriado como um bem comum. Fundadas na lógica de que o participante agrega a informação ou conhecimento que possui para o debate, tendo como contrapartida todas as informações e conhecimentos dos demais membros.

Embora se coloquem como apartidários e sem filiação econômica com nenhum grupo, os interesses desses movimentos frequentemente aparecem no fim dos processos. Da história recente temos como exemplos as eleições citadas há pouco. É neste ponto que podemos relacionar o conceito de comunidades virtuais com o de esfera pública virtual.

---

1   Movimento popular contra o acordo de livre comércio entre México, Estados Unidos e Canadá, que entrou em vigor em 1º de janeiro de 1994.
2   Manifestações populares em Seattle, no noroeste dos Estados Unidos, contra a reunião da Organização Mundial do Comércio (OMC), em 30 de novembro de 1999.

4.2
Esfera pública virtual

O termo *esfera pública* provém da teoria desenvolvida pelo filósofo e sociólogo alemão Jürgen Habermas[3], o qual refletiu, em 1962 (período marcado pela ascensão do capitalismo na Alemanha), sobre as discussões e as percepções da sociedade burguesa acerca do governo da época. Nessa perspectiva, a esfera pública burguesa era "formada pela dimensão de discussão de assuntos públicos por indivíduos privados, ou seja, o espaço de discussão de cidadãos comuns, em locais públicos, falando sobre temas da sociedade, com vistas a um consenso ou formação de novas opiniões" (Bittencourt, 2016, p. 165). Essa esfera pode, assim, "ser entendida inicialmente como a esfera das pessoas privadas reunidas em um público" (Habermas, 1984, p. 42).

Nesse espaço (esfera) – no qual aconteciam as discussões, as críticas e os posicionamentos referentes ao governo ou seus representantes –, representando, para Habermas (1984), a dimensão social mediadora entre o Estado (governo) e a sociedade civil, os indivíduos também poderiam se tornar figuras públicas ou, até mesmo, críticos do público. O pano de fundo de sua existência centrava-se, então, na movimentação da sociedade contra a opressão governamental no período, equivalendo a uma resposta dela ao Estado.

• • • • •

3   Licenciado pela Universidade de Bonn, dirigiu o Instituto Max Planck, na Baviera, e foi professor na New School for Social Research, em Nova Iorque, e na Universidade de Frankfurt, onde permaneceu até se aposentar. Autor de diversos livros, hoje participa de debates e é cronista em jornais.

Mesmo tratando da realidade específica de um período, o conceito de esfera pública pode ser atualizado para a compreensão das estruturas sociais atuais. Comumente, durante um período de insatisfação com decisões políticas, a sociedade tende a discutir mais sobre política, possibilidades e ações e, por consequência, a formar opiniões coletivas. Em alguns casos, há intervenção prática na política ou em outro âmbito social, como vimos acontecer nas últimas eleições. Porém, antes de examinarmos essas conjunturas, retomemos alguns aspectos concernentes ao processo comunicativo que a referida teoria elucida.

Habermas (1984) defende que é na esfera pública que se percebe o *locus* da comunicação, ou seja, os ambientes nos quais os cidadãos discutem pautas de interesse comum, consolidam opiniões ou planejam ações fundadas no debate, para além da formalidade da representatividade política, confrontando e criticando por meio de argumentos, o que suscita a elaboração de novas ideias. Ela "constitui principalmente uma estrutura comunicacional do agir orientado pelo entendimento, a qual tem a ver com o espaço social gerado no agir comunicativo, não com as funções, nem com os conteúdos da comunicação cotidiana" (Habermas, 1997, p. 92). Ademais, oferece possibilidades de emancipação humana em torno de uma ideia central de racionalidade. Trata-se de uma consequência de um processo de transformação social.

Habermas (1997, p. 93) ainda classifica a esfera pública em três tipos: (1) a "episódica" (ambientes de encontros abertos ao público, como bares e cafés); (2) a de "presença organizada" (reuniões de partido, encontros religiosos, entre outros); e (3) a "abstrata" (mídia).

Essa mídia mencionada pelo teórico, no entanto, concentra-se apenas em leitores, ouvintes e espectadores, ou seja, receptores de um produto midiático pré-internet.

Mais tarde, o pesquisador incluiu a noção de redes de comunicação, como um elemento crucial para a formação de temas que emergem da sociedade e conseguem nela repercutir; contudo, considerou essa dimensão um atributo da interação social face a face, e não da esfera pública abstrata.

Em qualquer uma das categorias apresentadas, a esfera pública medeia a relação Estado-sociedade e corresponde a uma rede de conteúdos, na qual os fluxos são filtrados e sintetizados e convertem-se em opiniões públicas – cuja formação está associada à reunião de pessoas que têm liberdade para expressar suas ideias, mesmo que apenas em seu grupo. Para Habermas (1984), essa expressão tem de ser garantida por direito a todos os cidadãos, o que frequentemente não ocorre, já que, em muitos casos, a opinião pública é condicionada em vez de espontânea.

O conceito de opinião pública também está presente na mesma obra de 1962, *Mudança estrutural da esfera pública*. Nela, Habermas (1984) argumenta que a "opinião pública" valoriza a linguagem, o diálogo intersubjetivo e as trocas comuns, podendo ocorrer "uma formação discursiva da vontade de um público formado pelos cidadãos de um Estado" (Bittencourt, 2016, p. 165). Sob essa ótica, os indivíduos são o corpo público que dialoga a respeito de assuntos de interesse particular e coletivo; e a opinião pública legitima o domínio político por meio de um processo crítico de comunicação, sustentado por um consenso livre ou racionalmente motivado.

A grande relevância da proposta desse autor reside na eliminação da arbitrariedade e na aposta em pessoas que compõem o todo social como seres ativos e opinativos, passivos de criação e emissão de opiniões. Essa ideia é chamada de *agir comunicativo* ramificado no discurso. Acerca disso, Marcondes Filho (2008, p. 41) explica:

> Na teoria da ação comunicativa de Habermas, o conceito de comunicação está centrado no ato de participar ativamente no processo comunicacional, não apenas de entendê-lo, como é o caso de Luhmann. Participar é ter função ativa e supõe um componente normativo que atue para melhorar a integração dos envolvidos em situação de consenso. O eixo está na questão da argumentação, nas trocas simbólicas e discursivas, no trabalho com diálogos, retraduções, convencimentos. É ainda a velha proposta da formação de consciência. A meta é o entendimento e a intervenção de cada um no ato de querer atingi-lo, isto é, na intencionalidade.

Hoje, teóricos buscam observar o modo pelo qual se processam a formação da opinião pública e o agir comunicativo nas sociedades interconectadas por redes e dispositivos móveis continuamente ativos – o que evoca questionamentos como: Essa opinião pública ainda existe? Quais esferas de discussão resultam na construção desta? A respeito disso, embora uma grande maioria tenda a afirmar que inexistem discussões com valor ou impacto efetivo na política, acreditamos que tem havido a migração dos debates do ambiente físico para o digital e, em alguns casos, um retorno ao físico.

A internet tornou-se o grande espaço público da atualidade. Nesse sentido:

> Se, no passado, a formação da opinião pública se dava em mesas de bares, espaços públicos ou reuniões de amigos – e muitas vezes era a ideia de alguém que dominava o círculo de discussão –, hoje a opinião se torna cada vez menos debatida em grupo antes de se tornar pública. Percebemos um distanciamento dessa etapa de discussão e cada vez mais uma expressão direta da opinião, que, depois de colocada em espaço público passa a ser novamente debatida, influencia outras opiniões e pode até formar algum consenso. (Bittencourt, 2016, p. 166)

Nesse cenário, as redes sociais e os demais espaços virtuais disponíveis para o diálogo e a agregação social são, para o público atual, o que eram antes os pequenos grupos de discussão citados há pouco e diferenciam-se destes principalmente em virtude de possibilitarem a governos (e a quem mais se interessar) o acompanhamento, em tempo real e com profundidade, das expressões e das ideias da sociedade civil.

Como vimos, na esfera pública burguesa, a opinião pública era elaborada por agentes civis nos círculos de diálogo privados, que debatiam entre si e depois a publicitavam. Hoje, ela se encontra na rede para o acesso de todos, configurando um processo distinto do transcorrido no passado. Essa transformação, por um lado, ocasiona problemas de conduta e mobilizações totalmente influenciadas por agentes externos; entretanto, por outro lado, permite a diversas pessoas, em geral pouco ativas nos debates sobre assuntos públicos, a expressão de seus posicionamentos, podendo, até mesmo, tornarem-se lideranças no processo de construção da opinião pública.

Desse modo, "a Internet se revelou um megaespaço público onde qualquer um tem voz e pode falar por si mesmo" (Malini; Antoun, 2013, p. 174), bem como tem importante papel na mediação entre os vários campos que coexistem nas sociedades atuais. Para Bolaño e Brittos (2007, p. 59), "o aparato tecnológico contemporâneo, emblematicamente simbolizado em redes integradas por fibras óticas e satélite, deve ser dimensionado considerando-se o conjunto do contexto econômico, político e cultural". Nessa direção, por exemplo, a internet reestruturou os mercados em todos os âmbitos e transformou, sobretudo, a lógica de produção da opinião pública. As discussões empreendidas pelos usuários na rede, antes ignoradas, agora são apreciadas como parte importante de avaliações e decisões de empresas, políticos e políticas públicas, além de medir efetivamente a aceitação, perante os cidadãos, de governos e seus posicionamentos, bem como de empresas e seus membros.

A rede inovou abrindo espaços, pois alterou a "arquitetura unidirecional dos fluxos de informação dos *mass media* [...] para uma arquitetura distribuída, com conexões multidirecionais entre todos nós, formando um ambiente de elevada interatividade e de múltiplos informantes interconectados" (Silveira; Pretto, 2008, p. 32).

Castells (2014) classifica esse novo espaço público como "híbrido". Ele enfatiza, em sua definição, a união entre o espaço virtual (da internet), a ocupação do espaço real (as ruas, no caso das manifestações sociais) e a difusão de informações pela mídia tradicional; conexão esta que, para ele, "tornou-se possível pela existência de um território ocupado que ancorava o novo espaço público na interação dinâmica entre ciberespaço e espaço urbano" (Castells, 2014, p. 43).

No entanto, o teórico alerta que, nesse ambiente híbrido, os cidadãos pensam ter domínio sobre suas escolhas, mas são apenas conduzidos pelos poderes dominantes:

> As redes sociais digitais oferecem a possibilidade de deliberar sobre e coordenar as ações de forma amplamente desimpedida.
>
> Entretanto, esse é apenas um componente do processo comunicativo pelo qual os movimentos sociais se relacionam com a sociedade em geral. Eles também precisam construir um espaço público, criando comunidades livres no espaço urbano. Uma vez que o espaço público institucional – o espaço constitucionalmente designado para a deliberação – está ocupado pelos interesses das elites dominantes e suas redes, os movimentos sociais precisam abrir um novo espaço público que não se limite à internet, mas se torne visível nos lugares da vida social. (Castells, 2014, p. 12)

Essa seria uma das justificativas para as manifestações populares que aconteceram no Brasil e no mundo e culminaram na descontinuidade dos governos em exercício e na implantação de políticas que romperam completamente com as estruturas antecedentes.

Nesse contexto, as inquietações e as insatisfações foram expostas no ambiente *on-line* e, obtendo destaque, relevância e representatividade, transpuseram-se para as ruas. Porém, vale questionar: Até que ponto essas discussões ocorreram de forma igualitária entre os cidadãos comuns, levando em conta não só os interesses políticos, econômicos e sociais já institucionalizados?

É a essa configuração duvidosa, de total abertura e fala dos cidadãos, que Castells (2014) atribui boa parte da constituição deste novo tipo de movimento social: as manifestações que surgem na rede e que tomam as ruas. Ele explica que "um espaço público híbrido, constituído por redes sociais digitais e por uma recém-criada comunidade urbana, estava no cerne do movimento, tanto como ferramenta de autorreflexão quanto como afirmação do poder do povo. A falta de poder transformou-se em empoderamento" (Castells, 2014, p. 36).

Esse processo é facilitado pela arquitetura diferenciada da internet e das redes sociais com o uso da linguagem digital. É possível entender essa linguagem de duas maneiras: (1) o discurso em si; e (2) a arquitetura em que essas falas estão inseridas. Ambas contribuem para que determinado discurso seja posto em evidência ou deixado de lado. Na próxima seção, analisaremos a linguagem, assim como o ambiente e seu *design*, respectivamente.

4.3
Linguagem digital

Na internet, há um misto entre a linguagem oral e a escrita, que sofre, ainda, adaptações para a realidade virtual de cada público-alvo, sendo descrito por Kenski (2007, p. 31) como "uma linguagem de síntese", também chamada de *antilinguagem*.

Existem diversos tipos de antilinguagens associados à situação social, ao gênero ou aos locais de vivências dos sujeitos. O linguista britânico Michael Halliday (1976) foi quem primeiro trabalhou com esse conceito. Em sua pesquisa, ele definiu *antilíngua* como sendo aquela praticada por um grupo social isolado dos demais e que teria gerado símbolos específicos de comunicação em virtude tanto da extensa convivência entre os membros quanto do escasso relacionamento com pessoas externas ao grupo. Nessa perspectiva, a linguagem seria uma semiótica social (Halliday, 1976).

Ao longo dos anos, esse tipo de adaptação das formas de falar e se expressar tornou-se comum. Como exemplos, podemos citar: (1) localidades diversas no mesmo país – embora se comuniquem na mesma língua, empregam expressões diferenciadas (sotaque, vocabulário) –; e (2) grupos etários distintos – conforme a idade do usuário, entre seus pares podem ser criadas e compartilhadas gírias específicas. Esses, entre outros fatores, provocam um distanciamento da linguagem formal padrão. Isso se deve ao fato de a língua ser viva, estando em constante transformação, ou seja, ela não é estática, o que possibilita, além dos elementos citados, até mesmo a produção de novas palavras.

Entre as antilinguagens está a *netspeak*: a linguagem da internet, uma revolução linguística global. Com a *netspeak*, houve adição de expressões, subtração de sílabas e adaptações de termos, bem como novas palavras e expressões passaram a acompanhar figuras/símbolos (*emojis*). Ela vem se desenvolvendo rapidamente e se tornando cada vez mais desuniforme. Há nela uma distorção da linguagem "correta" para uma nova linguagem, repleta de códigos diferentes dos tradicionais, que seriam adaptações das palavras e das expressões já existentes na linguagem padrão.

Segundo Baihui (Baihui; Fengjie, 2017), existem cinco tipos de adaptações na *netspeak*: *relexicalization*, *overlexicalization*, *homophone*, *abbreviation* e *creation*. Na primeira categoria, a *relexicalization* – em tradução literal para o português, "relexicalização" –, faz-se uso de novas palavras para substituir as antigas. As palavras são reinventadas, ou, ainda, usam-se palavras antigas mas ressignificadas. É, portanto, um processo de inovação.

Na *overlexicalization*, as palavras/expressões adquirem significados contrários àqueles que comumente têm. Seria como dizer "Que bonito isso que você fez!" quando se deseja, na verdade, reprovar a atitude tomada por outrem.

Já a *homophone* concerne à abreviação das palavras com o acréscimo de numerais à sua composição – por exemplo, a expressão *B2B* (*business-to-business*), que nomeia a relação comercial direta entre duas empresas.

A *abbreviation*, como o próprio nome diz, é a abreviação de palavras ou frases: *você* torna-se "vc"; *verdade* é reduzida para "vdd"; "Oi, tudo bem?" vira "Oi td bem?".

Creation, ou "criação", por sua vez, refere-se a palavras completamente novas surgidas diretamente na *web*, sem que tenham existência prévia fora dela. Como exemplos, podemos citar: *bug*, termo que faz referência a algum problema ou defeito; *deletar*, palavra usada como sinônimo de *anular*; *trollar*, com significado de "zombar" ou "caçoar"; *twittar*, referente a postagens em texto na rede social Twitter; *OMG*, abreviação de *Oh my God!*, expressão empregada para demonstrar surpresa ou empolgação sobre algo.

Além dessas características estruturais, a linguagem digital permite adaptações na comunicação conforme o tipo de público que se deseja atingir. No decorrer do tempo, o ambiente *on-line* foi se tornando cada vez mais segmentado em nichos. Por isso, foram estabelecidos padrões de fala para cada um, os quais é preciso conhecer para que, de fato, efetive-se um diálogo com os componentes dos grupos. Ilustram isso: o Youtube, cujos canais com alto tráfego dificilmente se distanciam do discurso irreverente e, ao mesmo tempo, crítico; o Instagram, em que há o predomínio de belas fotos com sobreposição de textos e tarjas coloridas; os *sites*, caracterizados pela manutenção de uma escrita mais formal; e as mensagens diretas em *apps* como o WhatsApp, em que há o predomínio da *netspeak* com adição de *emoticons*.

Considerando o exposto, podemos constatar a existência de um afastamento das antilinguagens de outros tempos. Nas pesquisas de Halliday, a antilinguagem estava atrelada a uma proximidade das pessoas, geralmente por comunidades próprias, guetos, onde se desenvolvia uma apropriação do discurso de acordo com as vivências naquele local. Na *web*, esse discurso passa a ser próprio do nicho, não havendo, necessariamente, proximidade geográfica, de gênero ou de idade entre seus integrantes, mas de afinidade por assunto ou mídia. Logo, quando se visa atingir, por exemplo, um grupo de adolescentes que gostam de literatura, emprega-se um tipo de linguagem distinta da utilizada ao se buscar atingir o público adolescente fã de *videogames on-line*.

Com isso, novamente vemos que o tema discutido – em outras palavras, o assunto – une e determina a forma do discurso. Então, retomando o pensamento construído referente às comunidades virtuais, à esfera pública virtual e à opinião pública, podemos verificar que, também no âmbito da linguagem, o que mobiliza as pessoas é a pauta comum.

4.4
Desterritorialização e identidade na era virtual

Ninguém pode ser mobilizado por outro meio que não pela linguagem. Para se engajarem, os indivíduos necessitam "de informação [...], mas, além disso, precisam compartilhar um imaginário, emoções e conhecimentos sobre a realidade das coisas à sua volta, gerando a reflexão e o debate para a mudança" (Henriques; Braga; Mafra, 2020, p. 3-4). Essa transformação (social, política ou econômica), tal como a mobilização, ocorre pela linguagem. Por isso, é pertinente conhecer as formas da linguagem e a arquitetura de distribuição das mensagens na rede, para que se consiga alcançar o que se almeja.

A internet é um ambiente desterritorializante, pelo menos no que se refere ao território físico, e que reduz a importância da localização geográfica para as relações, os pensamentos, as opiniões e a linguagem. Porém, nela existe também um processo de criação de novos territórios. Acerca disso, Lemos (2006, p. 3) afirma:

Desterritorializado, o homem se vale de meios técnicos e simbólicos para reterritorializar-se, construindo o seu habitat. O homem luta para sair do estado de abandono e criar um território já que ele não está no mundo com os outros animais. Esse estado o faz habitar construindo seu espaço, cujo fazer remete a *tecknè* como ação prática, como "fazer aparecer". A técnica é aqui reterritorialização. [...] Quando podemos criar um "território" podemos criar um mundo. As questões de território, territorialização e desterritorialização são essenciais ao homem.

Na rede, o território físico se esvai e, em contrapartida, cresce o território digital como espaço de uma linguagem específica, o qual reúne e aproxima os sujeitos em virtude da temática, das ideias que nele circulam. Nesse sentido, um *blog* e uma página de rede social podem ser territórios da *web*. Além disso, nesse ambiente, assim como no físico, podem ser instituídas regras de conduta e, por ser público – estando, por isso, aberto à observação irrestrita –, pode ocorrer vigilância por parte de governos e de indivíduos com posicionamentos opostos ao do grupo acompanhado.

Os novos territórios são também alvos da política e da economia. Quem não deseja vender para territórios que comportam exatamente o público-alvo de seu produto? Por isso, as empresas recorrem a alternativas de *marketing* digital, como o *inbound marketing*, que oferece conteúdos interessantes gratuitamente a determinado nicho com o intuito de captá-lo para possíveis futuras ofertas. Quanto à política, são empreendidas ações voltadas a territórios específicos, a fim de promover debates que se expandam para outros locais e modifiquem a opinião pública. Quer dizer, as ideias discutidas em territórios com linguagens e pensamentos similares adquirem proeminência e, como opinião pública desse âmbito, impactam os demais territórios com ideias contrárias.

Portanto, "o ciberespaço é, ao mesmo tempo, lócus de territorialização (mapeamento, controle, máquinas de busca, agentes, vigilância) mas também de reterritorialização (*blogs*, *chats*, P2P, tecnologias móveis)" (Lemos, 2006, p. 15). Nesse misto de possibilidades, rompem-se as barreiras entre o virtual e o real; os cidadãos agrupam-se de acordo com o físico, a temática, a proximidade e a afinidade de pensamentos; e os múltiplos modos de agrupamento levam distintos espaços a criar comunidades que rompem barreiras e distâncias.

4.5
Mundo cíbrido

O termo *cibridismo* remete à ruptura dos limites entre o mundo real e o virtual, como se *on-line* e *off-line* se convertessem em um mesmo espaço de produção de linguagem, conhecimento e vivências; nada muito além daquilo já praticado por grande parte da população na atualidade, principalmente pelos jovens.

Os dispositivos móveis reforçam e viabilizam esse rompimento. Com a oferta de redes sem fio e o barateamento do acesso à comunicação virtual *mobile*, o corpo humano transformou-se em uma extensão do mundo virtual, estando constantemente conectado a algum dispositivo que lhe permite transitar e viver nos dois campos simultaneamente.

Nesse contexto, a internet criou novas possibilidades concernentes ao poder de fala e de ação de seus utilizadores. Nela, os sujeitos sentem-se correspondidos, ouvidos, amados e/ou odiados, sentimentos que podem se transpor para a vida real; e isso não só eleva o fascínio que o espaço virtual exerce sobre as pessoas, como também desperta ainda mais o interesse pelos processos de produção e publicação contínuas de informação, com o consumo e o compartilhamento de milhares de conteúdos pessoais e profissionais produzidos no Brasil e no mundo.

Em meio a esse turbilhão de dados, a esse processo vital de comunicação constante e conectividade, como parte da existência humana, emerge um risco: o de a reflexão acerca desses conteúdos tornar-se paulatinamente mais limitada; isso porque são tantas as notícias, as publicações e a partilha de opiniões, provenientes das mais diversas fontes, que o processo de checagem converte-se em algo raro e distante.

Como desconfiar e verificar o tempo todo? Como não se deixar influenciar pelas informações consumidas? Torna-se mais fácil, em meio a essa digitalização, criar bolhas cada vez mais restritas à opinião pessoal de cada um. Assim, em vez de se abrir para o novo, reforça-se o modelo de consumidor de si mesmo e de seus iguais, distanciando-se dos diferentes. Cada usuário, munido do poder de excluir, bloquear e deletar pessoas de suas redes de relacionamento, recorre a esses recursos e fecha-se em si mesmo e em suas próprias convicções. Nada mais controverso: em tempos de conectividade mundial, as pessoas vivem em um mundo cíbrido cada vez mais pessoal.

Síntese

Neste capítulo, considerando as potencialidades da tecnologia, discutimos a complexidade das relações e a construção de uma esfera pública virtual. Ademais, analisamos como se estabelecem as comunidades virtuais, suas conexões, experiências e mobilizações, assim como os processos de desterritorialização e configuração da identidade virtual no mundo cíbrido.

Questões para revisão

1. Sobre as comunidades virtuais, considere as seguintes afirmações:
   I) São grupos virtuais de discussão e produção de conhecimento acerca de temáticas gerais, os quais possibilitam, por meio da interação no ciberespaço, a constituição de amizades virtuais.
   II) De acordo com Rheingold (1993), são agregações sociais originadas na internet, constituídas por meio de debates públicos e configuradoras de redes de relações pessoais.
   III) São grupos de pessoas distanciadas geograficamente, mas que estabelecem conexões, via comunicação, em decorrência do interesse que têm por determinadas temáticas.

Está correto o que se afirma em:

a) I, apenas.
b) I e II, apenas.
c) II, apenas.
d) II e III, apenas.
e) III, apenas.

2. Considerando o conceito de esfera pública, cunhado por Jürgen Habermas nos anos 1960, é possível dizermos que, na contemporaneidade, a internet se tornou o grande espaço público por excelência. Sobre isso, podemos entender que:

   a) Habermas foi visionário em suas reflexões, antevendo que a rede mundial de computadores se constituiria na esfera pública global.
   b) tal conceito não inclui as redes sociais em virtude das características próprias dessas plataformas.
   c) a relevância desse conceito reside na afirmação da arbitrariedade e na compreensão de que as pessoas que compõem o todo social são passivas e receptivas.
   d) o agir comunicativo, ao contrário do que a denominação leva a crer, não demanda participação dos indivíduos nas discussões públicas.
   e) redes sociais e outros espaços virtuais disponíveis para o diálogo e a agregação social são, para o público atual, o que eram antes os pequenos grupos de discussão para a burguesia.

3. O termo *cíbrido* indica uma ruptura dos limites entre os mundos "real" e "virtual" em razão da convergência dessas dimensões (*on-line* e *off-line*) para a conformação de um espaço no qual é possível produzir linguagem, conhecimento e experiências. Acerca disso, podemos considerar que:

   a) a característica *touch* de smartphones e *tablets* não se enquadra no processo cíbrido.

   b) os processos cíbridos, embora presentes na sociedade, ainda não têm o poder de influenciar as relações interpessoais.

   c) na atualidade, o turbilhão de dados envolvidos nos processos comunicativos entre indivíduos, decorrentes da conectividade praticamente ininterrupta, é uma estruturação cíbrida.

   d) o mundo torna-se cíbrido à medida que as tecnologias têm sua influência diminuída na sociedade, dando espaço às interações interpessoais.

   e) em uma realidade marcada pela conectividade mundial, os indivíduos, cada vez mais, entendem as diferenças entre as dimensões "real" e "virtual".

4. A internet, no que tange à ideia de território físico, caracteriza-se por ser um ambiente desterritorializante, relativizando a importância da localização geográfica para o estabelecimento de relações humanas, sejam socioculturais, sejam econômicas. Quais as características da dimensão territorial erigida por meio das redes?

5. Explique o que é *netspeak* e quais são as adaptações que constituem essa linguagem.

Questão para reflexão

1. Os conceitos de comunidades virtuais organizadas (Bittencourt, 2016) e de espaço público híbrido (Castells, 2014) nortearam o debate, ao longo do capítulo, acerca das relações sociopolíticas na contemporaneidade cibercultural. De forma geral, as novas configurações de participação política na atualidade apontam distintas maneiras de acessar as discussões e de tomar decisões e empreender ações concernentes a assuntos públicos. Relacione aqui os dois conceitos para explicar a ideia de "esfera pública digital".

Capítulo
05

As "bordas estruturais" da cibercultura

Ivan Bomfim

Conteúdos do capítulo:

- Democracia digital.
- Vigilância e controle na internet.
- Midiatização e mediação.
- *Media literacy.*
- Limites da comunicação na internet.

Após o estudo deste capítulo, você será capaz de:

1. compreender os limites do processo comunicativo na internet;
2. explicar como, no contexto midiático, são compreendidos conceitos como democracia;
3. entender as perspectivas acerca das noções de vigilância e controle na ambiência digital;
4. avaliar a importância da literacia midiática para o entendimento da comunicação;
5. estabelecer a relação entre as concepções de tecnoutopia, tecnoapocalipse e tecnorrealismo.

Como pensar elementos da cibercultura sob a ótica de diferentes campos de conhecimento? Como a realidade digitalizada relaciona-se com as dimensões social e política? Quais as transfigurações empreendidas pela virtualização da sociabilidade?

Neste capítulo, abordaremos alguns assuntos que, de certa forma, podem ser atrelados ao que chamamos de *bordas estruturais* da cibercultura. Essa denominação baseia-se na concepção de que as temáticas em destaque relacionam elementos "intrínsecos" e "extrínsecos" às lógicas desenvolvidas *no* e *pelo* domínio cibercultural. Assim, refletiremos sobre questões relativas ao uso das tecnologias midiático-digitais no âmbito das discussões acerca de temas como democracia, vigilância e controle, bem como tentaremos entender os processos concernentes às dinâmicas de midiatização e mediação e à literacia midiática (*media literacy*), bem como os limites dos processos comunicativos na internet. Por fim, trataremos brevemente das correntes de interpretação da cibercultura representadas pelos pensamentos tecnoutópico, tecnoapocalíptico e tecnorrealista.

5.1
Democracia digital

Entre os estudiosos da cibercultura, há uma conformação de visões positivas, negativas e neutras (embora utilizar essa denominação seja sempre problemático no âmbito das ciências sociais e humanas). A oposição mais destacada, caracterizada por Rüdiger (2011) como uma disputa entre tecnófilos e tecnófobos, acaba sendo refletida em diversos pontos do universo cibercultural. Contudo, as discussões sobre processos democráticos entremeados à digitalização da realidade social trazem, de maneira pungente, visões dissonantes sobre a possibilidade ou não do aprimoramento das relações políticas. Afinal, é possível chegar a um modelo funcional de "e-democracia"?

Para os entusiastas da tecnologia, a conexão dos sistemas computacionais traria, por si só, as qualidades necessárias a uma sociedade democrática. Os críticos apontam, pelo contrário, que a tecnologização do debate e, especialmente, das formas de atuação política poderia acarretar prejuízos terríveis a um sistema democrático. Como fazer toda uma coletividade participar das decisões políticas apenas utilizando um computador ou *smartphone*? Aliás, como garantir que as interações sociais para as decisões em conjunto – a raiz da política – sejam transpostas de maneira correta para o território do ciberespaço? Essa situação está muito distante da existência de uma diferença entre "vida real" e "virtual" (discurso muito comum até o fim da primeira década do século XXI, como vimos anteriormente) – mesmo porque, em nossa perspectiva, não é possível, na atualidade, dizer que essa dissociação exista. Entretanto, é importante entendermos que a vida em comunidade transformou-se com os processos midiático-digitais, que influenciaram fortemente a moldagem da realidade nas últimas décadas.

Importa compreender que uma democracia digital tem, em seu cerne, a concepção de participação nas formulações do Estado, não sendo, todavia, exclusiva deste. O conceito delineia uma perspectiva de atuação social para influenciar as decisões políticas. Conforme Araújo; Penteado e Santos (2015), tanto a instância estatal quanto a sociedade civil procuram fazer uso das ferramentas digitais na luta pela consolidação de seus interesses. No caso das possibilidades abertas pelo Estado para usufruto da sociedade civil, as ações conformam modelos *top-down* (de cima para baixo). Quando as iniciativas partem dos cidadãos para o domínio estatal, tem-se um modelo *bottom-up* (de baixo para cima). Ao pensarmos em sociedades democráticas, é certamente mais comum imaginarmos um movimento que seja idealizado como "orgânico", ou seja, que tenha sua gênese entre os indivíduos e, por consequência, envolva toda a sociedade.

A busca pela *anima* democrática por entre as redes digitais recai na atuação de movimentos políticos possibilitados pelas conexões tecnológicas. Tendo surgido nas ruas e migrado para as redes ou nascido diretamente na dimensão sociotécnica da internet, os grupos ciberativistas comportam distintos objetivos e processualidades. Porém, o traço principal que os perpassa é a constituição de ações baseadas nas lógicas emergidas com as transformações da sociabilidade consequentes das relações humanas digitalizadas. Castells (2015) observa que grandes eventos como a chamada *Primavera Árabe*, que teve início na Tunísia em 2011 e acabou estendendo-se a diversos países do Oriente Médio, o surgimento de movimentos em nações como Islândia (Revolução das Panelas), Estados Unidos (Occupy Wall Street) e Espanha (Indignados) e os protestos de junho de 2013 no Brasil são exemplos de manifestações coordenadas por meio de conexões digitais neste início de terceiro milênio.

A insurgência do ciberativismo ou do netativismo impõe a observação de suas processualidades e motivações. Correia (2016) entende que esses movimentos são definidos, especialmente, com base em grande envolvimento emocional, pouca (ou mesmo nenhuma) identificação com ideologias políticas – embora estas sejam perceptíveis por meio da análise das postagens de indivíduos e grupos –, rejeição à política institucional e, por fim, ausência de agenda pública mais específica. Para o autor, em muitos casos, um detalhamento dos objetivos é francamente evitado, de maneira a não "macular a pretendida inocência do movimento" (Correia, 2016, p. 16). Por sua vez, Malini e Antoun (2013), ao abordarem possibilidades democráticas na contemporaneidade cibercultural, focalizam quatro "blocos" de problemas que engendram os movimentos constituídos pelas chamadas *comunidades virtuais* e *redes colaborativas*:

> o problema da integração e da dissolução da ordem social a partir da entrada em cena da comunicação distribuída nas comunidades virtuais; o problema da estrutura e da ocasião

na organização da sociedade com a emergência da importância das interações em redes; o problema da prevalência da cooperação ou do conflito na vida social enquanto relações constituídas a partir da emancipação da organização em rede; e o problema da parceria e da servidão nas relações sociais enquanto relações constituintes a partir da disseminação das redes de parceria. (Malini; Antoun, 2013, p. 60)

As questões dos teóricos dão forma a questionamentos sobre o alcance das demandas democráticas via redes. Embora as janelas de participação popular pareçam cada vez mais abertas pela liberdade de comunicação, as dificuldades apontadas por Malini e Antoun (2013) expõem a realidade de que a existência de uma dimensão digitalizada da experiência humana não será redentora, a não ser que o universo de práticas e lógicas políticas seja fundamentalmente transformado. Ao contrário, o que muitas vezes parece acontecer é que, enquanto os elementos que sustentam instituições políticas não são reformados – ou mesmo abandonados em detrimento de outros –, há um aprofundamento dos problemas decorrentes das imperfeições dos sistemas políticos democráticos. Como nota Castells (2005a), um elemento fulcral da chamada *sociedade em rede* é que há uma continuidade histórica das relações de dominação e resistência, sendo estas estabelecidas por estratégias de ataque e defesa por meio de redes de apoio.

Gomes (2005) analisa os motivos pelos quais os processos políticos digitalizados são alçados à condição de panaceia da humanidade. Ele sustenta que a democracia digital é amparada por três paradigmas principais que entrelaçam a participação política por parte da sociedade e as modificações provocadas pelas redes: a internet, ao aparentemente facilitar a participação dos indivíduos no âmbito político, levaria a supostas vantagens referentes à mobilização social de uma fração da população, quais sejam:

a. A internet permitiria resolver o problema da participação do público na política que afeta as democracias representativas liberais contemporâneas, pois tornaria esta participação mais fácil, mas ágil e mais conveniente (confortável, também). Isso é particularmente importante em tempos de sociedade civil desorganizada e desmobilizada ou de cidadania sem sociedade;
b. A internet permitiria uma relação sem intermediários entre a esfera civil e a esfera política, bloqueando as influências da esfera econômica e, sobretudo, das indústrias do entretenimento, da cultura e da informação de massa, que nesse momento controla o fluxo da informação política;
c. A internet permitiria que a esfera civil não fosse apenas o consumidor de informação política. Ou impediria que o fluxo da comunicação política fosse unidirecional, com um vetor que normalmente vai da esfera política para a esfera civil. Por fim, a internet representaria a possibilidade de que a esfera civil produza informação política para o seu próprio consumo e para o provimento da sua decisão. (Gomes, 2005, p. 7-8)

Em realidade, a ideia de participação *on-line* em processos decisórios aciona um imaginário sociocultural de mistificação da tecnologia, visto que esta é interpretada comumente como um "aperfeiçoamento" das possibilidades humanas. Todavia, como alerta Castells (2005a), as fontes de poder social (como violência e discurso, coerção e persuasão) não se modificaram no decorrer da história. O que se transformou foi justamente o cenário no qual se digladiam as relações de poder, basicamente em dois sentidos: (1) as disputas passaram a relacionar as dimensões local e global; e (2) a organização em redes assumiu o lugar da ação individual. O teórico sublinha que a questão central nesse cenário é a capacidade de exercer o poder, e o principal elemento nesse sentido é a exclusão de participação da rede.

A questão é bastante interessante: a não participação em determinada rede não impossibilita a presença em outras. No entanto, Castells (2005a) observa que, como as redes consideradas estratégicas funcionam em nível global, aqueles que não participam dessas estruturas sofrem um processo de exclusão e acabam marginalizados e, assim, desvalorizados social, cultural e politicamente. Percebem-se nisso pequenas e inumeráveis batalhas para que demandas de determinadas sub-redes adentrem o espaço dos fluxos estabelecidos – sendo essas bandeiras forjadas nas interações intragrupos, muitas vezes contrastando fortemente com o senso comum instituído por valores, discursos e representações das redes institucionalizadas. Seguindo esse encadeamento, a participação política vê-se, muitas vezes, incrementada por uma lógica de grupo.

É imprescindível considerar que a participação política vai muito além da ação de votar. Envolve toda a experiência humana em termos de sociedade, todos os processos que instituem a convivência de diferentes grupos e seus interesses partilhados e específicos. A percepção de que a política institucional (em outra palavra, *partidária*) não é capaz de dar resultados e que, em grande parte, seria um ambiente inexoravelmente corrupto é certamente um vetor para outras maneiras de ação.

Nesse sentido, torna-se cada vez mais evidente a construção de um imaginário segundo o qual, ao serem empreendidas por meio da tecnologia, as ações políticas seriam "limpas", ou seja, não violadas pela poluição facultada à política institucional-partidária. Obviamente, essa percepção é ilusória; no entanto, várias medidas que buscam reaproximar as pessoas da convivência política vêm sendo implementadas mundialmente nos últimos anos – iniciativas como a obrigação de transparência sobre dados e gastos públicos na internet, as plataformas de consulta e a exposição de opiniões pelos cidadãos, a visibilidade das ações de Executivo, Legislativo e Judiciário etc. –, possibilidades que ainda não engendram por completo a complexidade de uma democracia digital.

Na avaliação de Gomes (2008), quando se enfoca a falta de vontade e de ação políticas, em geral são esquecidos elementos de grande importância acerca do que é viver em uma sociedade, especialmente em relação às características da cidadania. Segundo o autor, se falta participação política é porque faltam também outros requisitos da vida democrática. Algumas dessas faltas são relacionadas à cultura política, sendo "cultura" entendida aqui como mentalidades, valores, convicções e representações compartilhadas. Faltaria à cultura política dos cidadãos nas democracias contemporâneas um elementar sentido de efetividade das práticas políticas civis. Parece ausente a esta mentalidade a sensação de que há uma conexão de causa e efeito entre a ação do cidadão e o modo como as coisas referentes ao Estado se decidem. Este sentimento se reforça pela impressão de que, com efeito, as indústrias da notícia, do lobby e da consultoria política têm muito maior eficácia junto à sociedade política e ao Estado de que a esfera civil. Haveria como que uma marginalização do papel dos cidadãos. (Gomes, 2008, p. 296)

Maia (2008) reflete que a esfera pública digital é afetada pelo desinteresse de grande parte da população em participar politicamente da sociedade, constituindo o que ela denomina de "formação discursiva da vontade" – ou seja, a conformação de uma cultura política. Fica claro, dessa forma, que o desenvolvimento do espectro digital não condiz com um automático "despertar" de espírito público-político dos indivíduos, assim como não aperfeiçoa as estruturas relacionadas ao funcionamento da democracia. Conforme Maia (2008, p. 286-287, grifo do original),

Em princípio, o ambiente da rede parece apresentar muitas vantagens para o debate crítico-racional. [...]

Contudo, se haverá ou não o **processo** de debate é algo que não pode ser decidido *a priori*, pois o debate depende da livre motivação e da ação dos próprios concernidos, que é contingencial e imprevisível.

Conquanto apresentem características que facilitam ações como arquivamento e distribuição/disposição de informações, os sistemas digitais não constituem, por si próprios, a natureza dos processos interativos. Concomitantemente, também não asseguram reflexões mais aprofundadas. Seguindo essa concepção, Gomes (2008) observa que a entrada em cena da internet, nos anos 1990, implicou uma grande expectativa em relação às possibilidades de participação democrática nas sociedades, mas que, em geral, essas projeções mostraram-se exageradas. O teórico faz um balanço das possibilidades e dos impedimentos no que tange à participação e à atuação política via redes. Ele apresenta sete blocos temáticos que expõem as vantagens das mobilizações via ciberespaço: (1) superação dos limites de tempo e espaço para a participação política; (2) extensão e qualidade do estoque de informações *on-line*; (3) comodidade, conforto, conivência e custo; (4) facilidade e extensão de acesso; (5) falta de filtros e controles; (6) interatividade e interação; e (7) oportunidade para vozes minoritárias ou excluídas (Gomes, 2008). Por outro lado, o teórico, de forma condensada, também elenca as críticas mais recorrentes acerca do assunto: (1) falta de informação política qualificada; (2) desigualdade de acesso à rede; (3) déficit de cultura política; (4) continuidade da hegemonia dos meios de massa; (5) sistemas políticos fechados; (6) falácias sobre liberdade e controle; e (7) maior controle dos sistemas comunicacionais (panóptico e ciberameaças) (Gomes, 2008).

Em resumo, pensar a democracia digital é analisar como os recursos tecnológicos devem ser utilizados pelos agentes sociais, "estes sim com capacidade de fazer promessas ou de frustrar esperanças" (Gomes, 2008, p. 324). Tanto as sociedades quanto as instituições estatais ainda não conseguiram construir formas de explorar a transfiguração do espaço público e da política que a era cibercultural traz em seu bojo. Como observado, não apenas a possibilidade de participação em votações via rede adquire nova forma: as relações entre indivíduos e destes com os adventos tecnológicos demandam adaptações em diversas áreas.

Porém, Gomes (2008) destaca também que a ideia de uma "nova ordem social" constituída com base apenas na emergência das redes é uma interpretação que não leva em conta as desigualdades do mundo que fez surgir a internet. Importa ter em mente que, da mesma forma que os sistemas midiáticos, a comunicação na *web* é controlada, em significativa parcela, por conglomerados – sejam regionais, sejam globais – que, obviamente, têm diversos interesses na manutenção do chamado *status quo social* (ou seja, que o panorama de poder na sociedade não se modifique). Por isso, o embate entre os grupos e as organizações que defendem uma rede mais livre e politicamente relevante e aqueles que querem justamente evitar isso é (e será) uma constante.

Ademais, como dito anteriormente, as projeções de uma tecnologia como "espírito da mudança" apenas por sua existência não condizem com o observado no decorrer da história. Com o frenesi causado pela evolução das redes e dos sistemas computacionais dos anos 1990, os meios de comunicação de massa ajudaram a criar, nas sociedades, uma concepção da internet como nova maravilha da humanidade no que tange ao ambiente social, ao contrário da própria mídia massiva, considerada alienante e desinformadora quanto à importância das questões políticas. Acerca disso, Gomes (2008, p. 325-326) afirma:

> Seria pouco razoável imaginar que a esfera civil pudesse prescindir, na sua tentativa de aumentar a sua capacidade de influenciar a decisão política, do emprego dos meios de comunicação de massa – que, ainda, controlam a esfera de visibilidade pública da política – supondo que a internet sozinha teria a capacidade de devolver-lhe as oportunidades de participação política de que necessita. Tanto a internet quanto os meios tradicionais de massa devem ser explorados, isso sim, no sentido de que se dobrem ao interesse público. Como isso pode ser feito, entretanto, já é uma outra história.

O autor sustenta que o ponto crítico da discussão sobre democracia na era cibercultural não é se a política será transformada nesse processo – mesmo porque claramente já o foi –, mas a relação que as pessoas terão com essa dimensão a partir de agora, sendo imprescindível que "se saia o mais rapidamente possível da retórica do diagnóstico (positivo ou negativo) para uma perspectiva de responsabilidade e tarefa" (Gomes, 2008, p. 326).

Pensar essa conformação, todavia, envolve não somente indivíduos e grupos, mas outros dois grandes grupos de poder no âmbito da sociedade: o Estado e o mercado. Não há democracia digital possível se a realidade das relações entre pessoas e sistemas digitais contemplar perspectivas de controle das subjetividades e das ações humanas. A perspectiva distópica da cibercultura torna-se assustadoramente real quando são analisadas as estruturas que organizam as interações via redes e o que elas permitem (e aquilo que não permitem). Em nome de uma ideia (falaciosa, na maioria das vezes) de "segurança", a liberdade dá lugar ao puro e simples monitoramento. Na próxima seção, examinaremos melhor essa questão.

5.2
Vigilância e controle na internet

O atentado ao World Trade Center em 11 de setembro 2001 na cidade de Nova Iorque, nos Estados Unidos, coordenado pelo grupo terrorista Al-Qaeda, resultou em mais do que a derrubada das torres gêmeas e a morte de cerca de 3 mil pessoas, conforme dados oficiais (Atentados..., 2021). O pânico instaurado na sociedade norte-americana possibilitou que, no final do mês seguinte, o governo de George W. Bush, do Partido Republicano, aprovasse uma controversa legislação que ficou conhecida como *patriotic act*, ou "ato patriótico". Permitiu-se, por lei, à administração federal dos Estados Unidos implementar um amplo programa de vigilância das telecomunicações, com diversos setores trabalhando em conjunto, no Capítulo 1. Naquele momento, a internet começava a se tornar elemento do cotidiano de milhões de pessoas ao redor do globo. Era o período do primeiro *boom* das chamadas *"empresas ponto. com"*, e diversos indivíduos e grupos aventuravam-se ao levar seus negócios para a rede das redes.

O *patriotic act* viabilizou a implantação de sistemas de coleta de dados sem que fosse necessária autorização judicial para isso, o que foi instituído em diversos níveis, como o acesso a *e-mails*, a interceptação de chamadas telefônicas e a obtenção de registros de usuários de serviços *on-line*. Dessa "oportunidade" resultou o aprimoramento de sofisticados mecanismos de recolhimento de informações. Obviamente, existe um longo histórico de processos de vigilância e espionagem tentados e efetivados por governos no que tange às comunicações, com foco em civis, empresas e outros governos. No entanto, não é exagero considerar que, com o surgimento de um *Zeitgeist* que une medo disseminado socialmente e expansão tecnológica, as relações entre o Estado norte-americano e as grandes empresas do universo digital foram tornando-se cada vez mais intrincadas. Um acontecimento representa de forma clara essa situação: o caso Snowden.

Em junho de 2013, Edward Snowden, ex-técnico de redes da National Security Agency (NSA)[1], denunciou um programa de espionagem de alcance mundial realizado pela agência norte-americana.

---

1 É curioso – e perturbador – o fato de que a NSA, embora tenha sido fundada em 1952, teve sua existência negada por décadas pelo governo dos Estados Unidos. O funcionamento da agência só foi confirmado em 1982, com a publicação do livro *The Puzzle Palace* ("O palácio quebra-cabeça") pelo jornalista norte-americano James Bamford.

A exposição das ações aconteceu por meio de reportagens do jornalista, também norte-americano, Glenn Greenwald publicadas no jornal britânico *The Guardian* e noutros veículos de relevância mundial, como *The New York Times*, *The Washington Post* (ambos dos Estados Unidos) e *Der Spiegel* (Alemanha). O alcance das táticas da NSA mostrou-se tão extenso que, além de cidadãos comuns e corporações, líderes mundiais – como a então presidente do Brasil, Dilma Rousseff, e a chanceler alemã Angela Merkel – foram vítimas de espionagem, tendo conversas interceptadas.

As denúncias trouxeram à tona o projeto *Prism*, por meio do qual a NSA conseguia acessar diretamente os servidores de diversas companhias, tendo a anuência destas. De acordo com os *slides* de uma apresentação interna vazada por Snowden, entre essas organizações, estavam as maiores empresas do segmento *on-line* à época: Microsoft, Google, YouTube, Facebook, AOL, Yahoo!, Apple e PalTalk – todas negaram veementemente a participação no *Prism*, segundo Lyon (2014). O autor detalha a forma de atuação da agência:

> Por um lado, a NSA contrata empreiteiros para compartilhar o fardo de seu trabalho e também coleta e extrai dados de usuários coletados por outras empresas, especialmente empresas de telefonia, internet e web. E, por outro, esse tipo de vigilância também significa que a NSA e agências similares observam cookies e informações de login. Assim, eles usam dados derivados do uso de dispositivos como telefones celulares ou sites de mídia social com localização geográfica. O que os usuários inadvertidamente divulgam nessas plataformas – [...] – ou

quando usam seus telefones, é um dado utilizável para fins de "segurança nacional" e policiamento. Porém, o que é mais importante, do ponto de vista do *Big Data*, os metadados [...] relacionados aos usuários são obtidos sem o conhecimento deles por meio do simples uso dessas máquinas. Há, portanto, pelo menos três atores importantes nesse drama, agências governamentais, corporações privadas e, embora involuntariamente, usuários comuns. (Lyon, 2014, p. 2-3, tradução nossa)

A NSA, de acordo com o relato de Snowden, recolhia todos os dados possíveis, depois executava processos de filtragem, análise e medição, arquivando-os em seguida (Lyon, 2014). Ou seja, instituiu uma estrutura para reunir material de caráter privado sobre indivíduos do mundo inteiro, o que traz à lembrança a figura do Grande Irmão de *1984*, obra de George Orwell que fala sobre a conformação de uma sociedade controlada pela vigilância constante. Desrespeitando os direitos mais fundamentais de privacidade dos cidadãos em nome de uma suposta "segurança nacional", a agência ilustra a tentativa de controle das informações de indivíduos e grupos para proveito próprio.

Em outro trabalho, Lyon (2016, p. 26) situa três elementos relacionados às práticas de vigilância expostas na problemática NSA-Snowden:

> Primeiro, os governos se envolveram em vigilância em massa sobre os seus próprios cidadãos. A NSA trabalha em estreita colaboração com o "Five Eyes", Austrália, Canadá, Nova

Zelândia e Reino Unido, e suas atividades também são replicadas em muitos outros países. Segundo, corporações partilham seus "próprios" dados com o governo, para benefício mútuo. Isso acontece em especial com empresas de internet que, conscientemente ou não, tornam-se coniventes com o governo para fornecer dados pessoais. Terceiro, os cidadãos comuns também participam através de suas interações – especialmente no uso de redes sociais e de telefonia celular. Sem necessariamente estarmos cientes disso, todos nós fornecemos dados para a NSA e suas agências cognatas, apenas entrando em contato com os outros por via eletrônica.

O que atravessa todas as instâncias envolvidas na situação são os *softwares*, os algoritmos e os códigos que possibilitam a coleta sistemática de dados pela NSA, diz Lyon (2014). É importante observar que, com o desenvolvimento da *web* 2.0 no início do século XXI, houve uma transformação do cenário da *World Wide Web*, e grandes empresas surgiram no escopo da relação cada vez mais entrelaçada entre tecnologia e vida social. Apesar da diversidade de produtos e comodidades ofertadas, grupos como Google, Amazon, Facebook, Twitter, Instagram e outros *sites* e redes sociais atuam – essencial ou colateralmente – no mercado de dados pessoais e têm no desenvolvimento tecnológico seu principal companheiro de negócios.

Discussões relativas à segurança na rede nos meios de comunicação focalizam, muitas vezes, o perigo representado pelo roubo de senhas, clonagem de cartões de crédito e outras vigarices *on-line*.

No entanto, as próprias estruturas da internet trazem expressivos constrangimentos e coações para os cidadãos comuns. A emergência dos dispositivos portáteis – as chamadas *mídias locativas* – é um dos fatores que mais se mostra preocupante nessa configuração. O emprego dessas tecnologias demanda, usualmente, registros em aplicativos e redes, permitindo que instituições consigam traçar caminhos e ações dos usuários dos aparelhos. Junto à "espionagem" das mídias (em geral, consentida por meio da aceitação de contratos disponibilizados rapidamente nas telas de *smartphones*, *tablets* e *notebooks*), os próprios indivíduos fornecem dados sem muita preocupação: é extremamente comum que o acesso a determinados *apps* e *sites* "cobre" a inserção de dados e/ou a permissão de monitoramento dos aparelhos.

Com a *web* 2.0, houve também uma explosão da esfera privada (a intimidade) na dimensão *on-line*. Chamada também de *web social*, sua base é a interação cada vez mais profunda entre as tecnologias midiático-digitais e a dimensão da sociabilidade. Segundo Primo (2007), esta pode ser considerada a segunda geração da dimensão *on-line*, cuja estruturação tecnológica e mercadológica pauta-se no fomento da comunicação mediada por computador. Com o nascimento de *sites* e redes sociais associado ao desenvolvimento/aperfeiçoamento de dispositivos como o *smartphone*, as interações – pessoais e/ou profissionais – por meio do espectro digital vêm se tornando cada vez mais populares e significativas no âmbito geral das sociedades. Desde o início do século XXI, palavras como *Orkut*, *Facebook*, *YouTube*, *Wikipédia*, *WhatsApp* e *Instagram*, por exemplo, passaram a fazer parte da vida cotidiana das pessoas, assim como as lógicas efetivadas por essas empresas, seus produtos e seus processos.

Nesse contexto, a privacidade converteu-se em um espectro cada vez mais flexibilizado: aquilo que antes era concernente apenas ao local (e relações) de âmbito privado passou a ser exposto na internet, permitindo, por conseguinte, a geração de dados acerca dos usuários sem que estes concordem ou mesmo saibam o que está acontecendo. Isso dá vez a diversas formas de controle e vigilância sobre o que fazemos, o que consumimos, com quem nos encontramos e aonde vamos; ou seja, nossa vivência cotidiana, anteriormente anônima, passou a ser conhecida por diversas instâncias. O grande perigo disso reside na contingência de que possa ser controlada dessa forma. Analisando a questão, Lemos (2009) comenta que uma das principais características da situação em exame é que as formas de patrulhamento acontecem, sobretudo, sem se exporem aos olhos dos indivíduos. De acordo com o autor:

> A nova vigilância da sociedade de controle está em todos os lugares e, ao mesmo tempo, em lugar nenhum. Diferente dos "internatos", os atuais meios de vigilância não se dão mais em espaços fechados, mas nos "controlatos" dos perfis da internet, nos bancos de dados em redes sociais interconectadas, nos deslocamentos com o telefone celular monitorando o *roaming* do usuário, na localização por GPS, nos rastros deixados pelo uso de cartões eletrônicos, nos *smartcards* dos transportes públicos, nos sinais emitidos e captados por redes *bluetooth*, nas etiquetas de radiofrequência que acompanham produtos

e compradores... Certamente tudo está menos visível e mais difuso, tornando essa invisibilidade vigilante mais performativa e o controle dos movimentos mais efetivo. Não se trata mais de fechar e imobilizar para vigiar, mas de deixar fluir o movimento, monitorando, controlando e vigiando pessoas, objetos e informação para prever consequências e exercer o domínio sob as "modulações". (Lemos, 2009, p. 630)

A vigilância sobre os indivíduos é arquitetada no encontro entre a disposição de publicizar aspectos da vida privada e as apropriações da tecnologia empreendidas pelos setores sociopolítico e econômico-financeiro. O progresso na utilização da chamada *internet das coisas* (IoT, do inglês *internet of things*), também se institui como automatização e sistematização da coleta de dados, traçando padrões e perfis – a IoT possibilita, por intermédio do compartilhamento desse tipo de informação, a comunicação de diferentes objetos entre si, sem que exista uma ingerência humana constante.

De governos a empresas, as instituições buscam ter acesso às informações das pessoas *on-line* e, possivelmente, controle sobre elas. Vale apontar que uma das maneiras pelas quais essas ações são executadas é com o uso de tecnologias de processamento de enormes quantidades de dados, os chamados *sistemas de big data* (ou *metadados*), isto é, macrocomplexos que combinam captação, processamento, acumulação, visualização e exploração de enormes quantidades de dados que os sistemas tradicionais de informática não conseguem realizar.

As estruturas que possibilitam a constituição dos processos de *big data* são fontes de dados que apresentam características em comum conhecidas como *3 Vs*: volume, velocidade e variedade. A estas, alguns autores adicionam mais 2 Vs: veracidade e valor. Esses paradigmas indicam: (1) volume de captação e geração de dados; (2) velocidade de captura, sistematização e análise dos dados; (3) variedade dos dados obtidos, sua não linearidade; (4) veracidade, a autenticidade dos dados com os quais se lida; (5) valor, o entendimento sobre os conjuntos de dados para a atuação da organização e os benefícios que estes podem gerar.

Segundo Mauro, Greco e Grimaldi (2014), é possível dividir o material de *big data* em três grupos:

1. **Dados estruturados**: Apresentam comprimento e tipo definido, como números, datas e bancos de dados.
2. **Dados não estruturados**: Não têm formato definido, como redes sociais, produtos audiovisuais, fotografias, imagens de satélite, arquivos PDF, documentos de texto etc.
3. **Dados semiestruturados**: Não são aderentes a campos específicos, mas têm marcadores de separação de elementos; apresentam metadados autodefinidos, como as linguagens HTML, XML e JSON.

O uso de metadados pode impactar significativamente a compreensão do comportamento dos indivíduos. Um processo de cruzamento dos dados recolhidos à medida que os sujeitos acessam diferentes *sites*, preenchem formulários, realizam pesquisas e compras, fazem *check-ins* em locais ou dão "curtidas" por meio de *sites* de mídias sociais implica informações como localização geográfica e padrões de interação com outros usuários, por exemplo, configurando um verdadeiro "escaneamento" da vida *on-line*. Alex Pentland, cofundador do Media Lab do Massachusetts Institute Technology (MIT), expõe o avanço representado pela megassistematização nas pesquisas sobre o comportamento dos consumidores: de modo oposto ao que acontece em pesquisas de opinião e demográficas, a perspectiva do *big data* não desvela o que as pessoas pensam ou afirmam pensar, mas efetivamente o que decidiram fazer, o que tem como consequência a ampliação da capacidade de prever comportamentos. Acerca disso, o autor relata:

> Fiz uma experiência simples para analisar o download de aplicativos para celular e tentar descobrir quem baixaria quais aplicativos. Quando a análise levava em conta somente as características pessoais, como idade, religião, gênero e outras informações que os indivíduos davam de si mesmos, o índice de acerto foi de apenas 12%. Mas, quando analisamos, entre outras coisas, as chamadas telefônicas que eles fizeram e as redes sociais que usavam, esse porcentual aumentou quatro vezes, para 48%. Isso ocorre porque o contexto social determina largamente o tipo de pessoa que você é. Então, se eu consigo enxergar alguns de seus comportamentos, passo a ser capaz de inferir outros, apenas confrontando você com as pessoas com as quais sei que você convive. (Pentland, 2015, p. 20)

As implicações do *big data* ainda apenas começaram a ser sentidas, mesmo porque as tecnologias encontram-se em desenvolvimento. No entanto, é impossível pensar em uma sociedade com pleno funcionamento de suas instituições sociais e políticas se esses processos forem apropriados apenas por parte da humanidade, visto o extremo poder que mobilizam. Debatendo o caso Snowden, Lyon (2016, p. 25) alerta que

> O uso de metadados, por exemplo, não é um simples resultado do potencial tecnológico, como a expansão exponencial da capacidade de armazenamento, mas de abordagens específicas como a gestão de risco nas indústrias de segurança e de clusterização do consumidor no marketing, cada um dos quais tem aumentado em importância em contextos onde a globalização – entendida como o neoliberalismo – reina.

As preocupações de caráter orwelliano já se tornaram, em parte, realidade. Vivemos em uma "era da vigilância" conformada tacitamente por expressiva parcela dos indivíduos; entretanto, atribuir a responsabilidade apenas às pessoas é reduzir drasticamente o horizonte da questão. As relações sociais e os avanços tecnológicos estão profundamente atrelados. É possível dizer que a cibercultura marca uma nova era do ser humano; com as vidas entrelaçadas às redes e à dimensão digital, tornou-se difícil negar mudanças na esfera sociocultural – estas, em nossa perspectiva, explicam em grande parte as metamorfoses do espectro político, por exemplo.

Entender essa interface humano-digital é um dos maiores desafios da contemporaneidade. O desenvolvimento de dois conceitos em pesquisas de caráter fortemente interdisciplinar (e que aqui serão abordados sob a ótica da comunicação) é uma tentativa de delinear essa nova realidade, mas, por vezes, há certa confusão acerca dos paradigmas que os sustentam. Assim, tentaremos explicar a seguir as diferenças epistemológicas entre *mediação* e *midiatização*.

5.3
Midiatização e mediação

As discussões relacionadas à vigilância e ao controle nas redes nos direcionam à análise de dois conceitos ligados à constituição das novas tecnologias de informação e comunicação (NTICs) como fatores intrinsecamente vinculados à estruturação sociocultural da contemporaneidade. Relacionando pensamentos diferentes, mas que podem ser entendidos de maneira complementar, midiatização e mediação indicam formas de exame da relação homem-tecnologia midiática.

De acordo com Hjarvard (2015), as pesquisas acerca dos processos de midiatização enfocam as modificações em perspectiva estrutural de longo prazo na influência da instância midiática no universo sociocultural atual. A situação seria contrária ao foco dado na perspectiva da mediação, que se interessa em compreender a força da mídia em determinadas situações estabelecidas espaço-temporalmente. Para o autor,

O estudo da mediação pode fornecer extensa informação sobre a influência da mídia nas práticas comunicativas. Apesar disso, uma vez que o processo de mediação por si só não altera a relação entre mídia, cultura e sociedade, precisamos direcionar nossa atenção para o processo de midiatização a fim de compreender como a mídia, a cultura e a sociedade estão mutuamente envolvidos no processo de mudança. A mídia influencia não somente o circuito comunicativo de emissor, mensagem e receptor, mas também a relação de troca entre a mídia e outras esferas da cultura e da sociedade. (Hjarvard, 2015, p. 53)

Na compreensão do teórico, embora exista uma diferenciação entre mediação e midiatização, os dois processos não são separados em horizonte empírico, pois o resultado das processualidades relacionadas à mediação pode constituir justamente um domínio de midiatização. De forma geral, para Hjarvard (2015), o contraste entre os dois termos é consequência de distintas tradições de investigação. *Midiatização* apresenta um lastro entre investigadores da Europa continental: como vocábulo que indica modificações das estruturas relacionais entre domínio midiático e universo social, é empregado há tempos na França; como conceito em si, sua utilização é tradicional entre pesquisadores da Alemanha e países escandinavos. Por sua vez, o termo *mediação* é utilizado, em maior parte, por teóricos de países anglo-americanos, com uma abrangência ampla de sentidos, englobando de processos individuais de comunicação a conformações macroestruturais. Para o referido teórico, os debates atuais indicam um entendimento geral que toma por base a concepção dos europeus continentais. Hjarvard (2015) esquece-se, no entanto, das investigações latino-americanas, empreendidas principalmente por autores como Martín-Barbero e Orozco Gómez.

Quando a midiatização é enfocada, busca-se aclarar um conceito que abrange a conformação das mudanças sociais de forma relativa à emergência das tecnologias de comunicação (tanto as tradicionais quanto as NTICs). A midiatização pode ser entendida como processo interacional de referência, pois aponta a inserção dos processos midiáticos no espaço do "mundo da vida", na esfera privada. Braga (2006) explica a midiatização como sistema e processo interacionais de referência próprios do mundo tecnológico, resultado de um processo histórico "evolutivo" complexo, posterior à oralidade (primeiramente) e à escrita. Segundo o autor, por ser referencial, "dá o tom" aos processos subsumidos, que funcionam ou passam a funcionar em acordo com suas lógicas. Sob a lógica da midiatização, os processos sociais da mídia passam a incluir, a contemplar os demais, que não desaparecem, mas se juntam.

Hjarvard (2015) busca descrever a ordenação da midiatização no entremeio dos domínios cultural e social de forma a expor os alicerces da nova dimensão erigida a partir dessas dinâmicas, as quais se baseiam nas lógicas da mídia, visto que os dispositivos midiático-digitais integram-se às formas e às práticas sociais do dia a dia e, ao mesmo tempo, instituem-se quase como dotados de uma existência própria. Conforme o autor:

As mídias estão ao mesmo tempo "lá fora" da sociedade, compreendendo uma instituição com força própria, e também [...] "aqui dentro", como parte das práticas do mundo vivido na família, no local de trabalho etc. Como resultado, a interação social – dentro das instituições, entre as instituições e na sociedade em geral – cada vez mais envolve a mídia. Por uma "lógica da mídia", não nos referimos a uma lógica única ou unificada comum a todos os formatos de mídia; a lógica da mídia representa, aqui, uma simplificação conceitual do modus operandi institucional, estético e tecnológico da mídia, incluindo-se aí as formas pelas quais a mídia distribui recursos materiais e simbólicos assim como opera com a ajuda de regras formais e informais. Sob esta luz, as instituições são caracterizadas por diferentes lógicas. (Hjarvard, 2015, p. 53-54)

Em concordância, Braga (2006) analisa que a midiatização estabelece padrões de percepção acerca da realidade para a articulação das pessoas e, nesse entremeio, relaciona "subuniversos" na sociedade e, por isso mesmo, modos de fazer as coisas por meio das interações que propiciam. A ação de midiatizar tem seu significado, dessa maneira, na tecnologia mediando a interação humana – algo fundamentalmente relacionado aos processos culturais. Diz Sodré (2006, p. 21) que a midiatização implica uma "tendência à virtualização das relações humanas [...], presente na articulação do múltiplo funcionamento institucional e de determinadas pautas individuais de conduta com as tecnologias da comunicação". A midiatização, assim, ultrapassa a barreira da dimensão midiática (tecnológica), encontrando-se com o âmbito social na conformação das mediações. Acerca disso, Sodré (2010) esclarece:

> São momentos técnicos diferenciados desse fenômeno de articulação das instituições, da vida das pessoas com a mídia. Midiatização é isso, essa articulação com instituições, com tecnologias, com a vida das pessoas. [...] *Medium* não é a televisão, não é a internet, [...] é uma forma que interliga o discurso social.

Sendo o universo midiático intrinsecamente ligado às construções de ordem comunicacional, este é influenciado estruturalmente pelas mudanças nos processos culturais e sociais. A dimensão midiatizada das relações sociais remete ao conceito de mediação, delineado pelo pesquisador espanhol radicado na Colômbia Jesús Martín-Barbero em seu clássico livro *Dos meios às mediações* (2003). O autor evidencia que o espectro comunicacional-midiático é um espaço no qual se digladiam diversas forças, na busca por influenciar a estruturação e a organização das maneiras pelas quais os indivíduos compreenderão a esfera de realidade da qual fazem parte. Martín-Barbero (2003) aponta que entender a mediação requer que deixemos de olhar apenas a instância de produção, mirando as formas pelas quais os receptores de conteúdo interpretam aquilo que consomem, as maneiras pelas quais as mensagens são integradas ao seu universo referencial.

A perspectiva da mediação baseia-se na compreensão da comunicação de modo relacional: a produção de mensagens (conteúdo simbólico) não determina, de antemão, como as pessoas compreenderão aquilo que foi comunicado. Ou seja: o processo de construção do significado é muito mais complexo do que as antigas teorias da comunicação de massa acreditavam. O receptor age sobre as informações que recebe, não sendo apenas um "arquivo" passivo diante das mensagens. A ação interpretativa é fortemente relativa ao âmbito sociocultural no qual as pessoas se encontram, com a interferência dos muitos círculos sociais dos quais os indivíduos participam.

Martín-Barbero (2003) defende que a comunicação precisa ser entendida essencialmente como um processo – e, dessa forma, tem fundamentação cultural. A mediação abarca as ações de apropriação, recodificação e ressignificação que as pessoas levam a cabo quando consomem os conteúdos comunicacionais. Esse desenvolvimento incessante expõe a inter-relação entre os polos de produção e recepção estruturadas pelo público. Nesse encadeamento, fica exposta a intrínseca ligação entre os domínios culturais e comunicacionais.

Torna-se bastante claro que os conceitos de midiatização e mediação são processos que podem ser visualizados na cibercultura. Por um lado, a articulação das lógicas das tecnologias midiáticas no contexto social representa o entremeio homem-técnica em sentido profundo; por outro, é exposta a importância fulcral dos indivíduos na sistemática da produção midiática, questão cada vez mais essencial, visto que a audiência se caracteriza, atualmente, pela interação com conteúdos/mensagens/produtos digitais. A ideia de um universo ciberespacial vai dando lugar às concepções de mediação e midiatização, que se estabelecem como referenciais na contemporaneidade. As processualidades envolvidas pela instauração das estruturas midiatizadas e mediadas demandam a extrema necessidade de compreensão de um universo de inovações, tanto tecnológicas quanto conceituais. Para tanto, há a necessidade urgente de amplos movimentos que promovam a *media literacy*, ou "alfabetização midiática".

5.4
Media literacy e os limites da comunicação na internet

Os debates sobre as perspectivas de mediação e midiatização impõem a obrigatoriedade de um amplo entendimento sobre as conjunturas midiático-digitais, com especial atenção aos aspectos socioculturais destas. Concordando com a ideia de Jenkins (2009), para quem o processo de convergência é, fundamentalmente, cultural, entendemos aqui que o funcionamento das NTICs demanda processos que, de certa forma, assemelham-se às dinâmicas de alfabetização: precisamos compreender uma linguagem específica para adentrarmos em um novo mundo, tão amplo e complexo. Um verdadeiro universo simbólico, com lógicas, processos e fenômenos próprios.

A literacia midiática pode ser entendida como a constituição de habilidades e conhecimentos para a participação na sociedade contemporânea, entrecruzada fortemente pelas mídias digitais. Saber acionar as novas tecnologias converte-se em uma expressiva necessidade neste início do século XXI. Isso inclui uma gama de atividades: do contato com os sistemas bancários à busca por informações de emprego, no aperfeiçoamento educacional, no estabelecimento ou na manutenção de laços familiares e de amizade, no acesso a informações importantes sobre sistema de saúde, questões jurídicas, entre outras. A digitalização da sociedade impõe a necessidade de compreensão das ferramentas tecnológicas e de como estas podem (e devem, em alguns casos) ser apropriadas.

Segundo Bauer (2011), a alfabetização para a utilização das mídias é uma conjunção de quatro níveis de formação:

1. **Conhecimento de mídia**: entender a construção e o funcionamento do sistema midiático (com atenção a temáticas como tecnologia, economia, política, legislação e aos valores sociais) e maneiras pelas quais essa dimensão possibilita a atuação social.
2. **Análise de mídia**: análise de conteúdos produzidos pelo sistema industrial midiático, com atenção às dinâmicas de poder.
3. **Crítica de mídia**: avaliar as maneiras pelas quais o sistema midiático configura possibilidades de análise sobre a própria sociedade.
4. **Organização/arranjo de mídia**: desenvolver formas de ação no ambiente social e possibilitar o desenvolvimento de autoexpressão via sistema via mídia.

A dificuldade em lidar com essa nova era marcada pela proliferação da tecnologia e de suas lógicas próprias atinge grande parte da população. Mesmo a familiaridade com dispositivos não é correlata, automaticamente, a um conhecimento amplo a respeito do universo midiático-digital. Romero-Rodríguez et al. (2016) cunham o termo *analfanautas* para abordar essa representativa parcela de indivíduos que lidam com *smartphones* e aplicativos, mas que não têm conhecimento aprofundado sobre o funcionamento da tecnologia para além do processo de acessar a rede por necessidade ou entretenimento. Os pesquisadores comentam que, deixando de lado as discussões acerca das "brechas digitais" causadas por processos de origem econômica, geográfica, etária, geracional e de aproximação aos dispositivos tecnológicos, a denominação *analfanauta* é referente a um expressivo contingente de indivíduos que têm acesso funcional às tecnologias midiático-digitais, mas que

> carece de suficientes competências midiáticas e informacionais para fazer frente à enorme quantidade de informação, pseudoinformação e desinformação *on-line*, pois seu hábito de prosumo[2] e filtragem de conteúdo não o proporciona a capacidade de compreensão das realidades de seu contexto e influencia negativamente em seu processo de tomada de decisões. A característica mais comum dos "analfanautas" é que podem ser pessoas com habilidades e competências digitais suficientes para acessar a Internet e interagir nas redes sociais, não tendo as perícias necessárias para enfrentar as peculiaridades informativas da rede, seja por ter um hábito de prosumo errado – infodieta – ou por carecer de ferramentas

---

2   *Prosumo* é um termo relativo à ideia de *prosumer*, neologismo que buscar caracterizar os usuários da internet na atualidade, visto que sua atuação engloba tanto a ação de consumo quanto a de produção de conteúdo digital.

fundamentais para determinar a validez, pertinência e veracidade das informações que consomem, geram, difundem e/ou compartilham. (Romero-Rodríguez et al., 2016, p. 13, tradução nossa)

Diante disso, conforme os autores, emerge a problemática de empreender uma análise adequada dos elementos necessários à modificação da condição dos analfanautas, uma tarefa significativamente complexa. Isso porque o ecossistema digital está em constante transformação, e o estabelecimento de uma "infodieta digital" de caráter muito estabilizado pode justamente resultar rapidamente em obsolescência. A saída estaria, na visão dos pesquisadores, não em ferramentas digitais (que podem ser – e provavelmente serão – sobrepujadas por outras), mas na conformação, por parte dos indivíduos, de saberes que instituam uma perspectiva "autodidática" no envolvimento com as NTICs. Para Romero-Rodríguez et al. (2016), a educação em relação ao campo midiático-digital é a única forma de enfrentamento de uma cultura de "infoxicação", saturação e hábitos de consumo que, justamente por serem estabelecidos por lógicas socioculturais, acabam sendo autoefetivados pelas pessoas, tornando-se parte de sua existência.

A situação é especialmente perceptível no que tange à *media literacy*, ou "literacia midiática". A explosão das NTICs ocasionou fortes transformações em grande parte da sociedade, que agora se vê em um processo de midiatização contínuo. Marcadamente, houve uma transformação do fenômeno comunicacional no âmbito da mídia, tendo em vista que o modelo calcado em um polo emissor e polos receptores (um para todos) é significativamente desafiado pela ideia de que todos os usuários conectados pelas redes digitais – em especial, a rede mundial de computadores, *World Wide Web* – podem se converter em emissores (modelo todos para todos). Assim, a produção de conteúdo simbólico, antes empreendida por instituições específicas, como a indústria de entretenimento e o campo jornalístico, vem passando a ser realizada por pessoas comuns.

Essa, sem dúvida, é uma clivagem dramática. A mediação institucional, parte importante do acesso à esfera pública, passou a ser ignorada e até mesmo criticada por determinados grupos e setores. Junto à popularização das tecnologias de comunicação e informação, tem-se um cenário no qual o conhecimento chancelado socialmente, como o jornalístico e, principalmente, o científico-acadêmico, é entendido por uma parcela cada vez maior de pessoas como não confiável. Embora haja diversos exemplos a serem explorados, a temática das notícias falsas, as chamadas *fake news*, é, sem dúvida, uma das mais entremeadas à necessidade de expansão da literacia midiática.

A produção, a circulação e o consumo das notícias falsas estruturam-se em acordo às características da chamada *web* 2.0, o que acarreta uma incrível expansão da oferta de informações. No caso da instância jornalística, essa influência é abordada pelos estudos que tratam da convergência jornalística, e o material noticioso passa a ser parte importante desse oceano de postagens, compartilhamentos e comentários avolumado tanto pelos usuários quanto pelas próprias empresas jornalísticas. A aceleração do tempo de produção das notícias no jornalismo *on-line* traz diversas questões a serem enfrentadas pelos profissionais, com a apuração das informações sendo significativamente atingida.

É preciso dizer que o jornalismo, de acordo com Miguel (1999), pode ser considerado um sistema perito – ou seja, um corpo profissional e uma atividade que têm credibilidade social para construir narrativas acerca da realidade. O jogo das *fake news* está em utilizar elementos contextuais (gráficos, textuais, discursivos etc.) que sejam relativos ao universo jornalístico com o intuito de parecerem material noticioso legítimo. Esse tipo de conteúdo busca utilizar os processos de cognição ativados pelos indivíduos ao interpretarem material jornalístico, visto que este tem, como fundamento central, a correlação com dinâmicas não ficcionais. Por óbvio, a interpretação de um romance não pode ser a mesma de um texto proveniente de veículo jornalístico, pois o escritor não tem as mesmas responsabilidades nem se utiliza do mesmo tipo de discurso que o jornalista. O resultado da produção de notícias falsas é uma perturbação dos processos sociais, políticos e econômicos relacionados ao valor da opinião pública.

A utilização de textos noticiosos falsos é, na atualidade, uma enorme praga, especialmente no que se refere a processos de decisão política. Empresas são contratadas para influenciar pleitos eleitorais, tentando criar, mediante a utilização de perfis falsos – controlados por indivíduos ou mesmo por inteligência artificial, os chamados *bots* –, consensos sobre determinado candidato ou opção. Além disso, disparos de mensagens via aplicativos como WhatsApp em escala industrial acabam açambarcando grande parte do público, composto por uma porcentagem de indivíduos que terminam por acreditar em muitas das informações que recebem. Embora boatos sempre tenham existido, o tipo de conteúdo aqui discutido tem produção orientada e massiva, cujo intuito é produzir efeitos como o enquadramento de determinados acontecimentos e dinâmicas, que, dessa forma, passam a ser entendidos conforme interesses específicos. Como afirmam Bakir e McStay (2018, p. 6, citados por Brites; Amaral; Catarino, 2018, p. 86),

> as notícias falsas são social e democraticamente problemáticas em três frentes: (1) a produção de cidadãos erroneamente informados, que (2) provavelmente ficam erroneamente informados em "*echo chambers*"[3] e (3) são emocionalmente hostilizados ou indignados diante da afetiva e provocativa natureza de muitas notícias falsas.

Desmantelar o funcionamento da produção em escala industrial de notícias falsas é uma tarefa de grande importância, mas, como comentado anteriormente, o problema está mais relacionado às dinâmicas sociais da sociedade em midiatização do que a um aperfeiçoamento tecnológico em si. Urge que os usuários das redes assumam uma posição crítica diante desse cenário, percebendo que a divulgação e o compartilhamento de informações não são atitudes neutras, bem como que a produção e a circulação de conteúdo midiático atendem a diversos objetivos.

---

3   *Echo chambers*, ou "câmaras de eco", podem ser entendidas pela ideia de "bolha" social.

Os graves problemas enfrentados pelas sociedades no espectro sociopolítico, como percebido não só na influência das notícias falsas em processos eleitorais e consultivos, mas também no alastramento de informações que impactam mesmo a vida cotidiana de milhões de pessoas ao redor do mundo, contrastam com o profundo enraizamento das tecnologias midiático-digitais na realidade dos indivíduos, com dispositivos sendo ponte para a nossa existência nesta dimensão midiatizada. Sendo assim, impõe-se a análise de quais seriam os limites do espectro comunicacional nas redes. Somos realmente livres como seres cuja realidade é tanto física quanto virtual? A digitalização possibilita a concretização das potencialidades de interação entre as pessoas?

Os assuntos debatidos até aqui sugerem algumas conclusões e muitas dúvidas. Por certo, não é exagero considerar que a dimensão tecnológica erigida com a digitalização/virtualização da vida social alcançou posição hegemônica, alicerçada na ideologia de liberdade apregoada pelos históricos desenvolvedores da rede. Todavia, é cada vez mais evidente que a "galáxia internet", para usar o termo de Castells (2005a), não tem a neutralidade como uma de suas características.

Apesar de a arquitetura da rede indicar formatos de desenvolvimento em perspectiva aberta, com a possibilidade de criação e distribuição de material por qualquer indivíduo em qualquer situação (leia-se, sem precisar de consentimento por parte de instâncias superiores), a realidade é bem menos gloriosa. As conexões que formam a rede mundial são estruturadas em diversas esferas, por meio de controles estatais e empresariais, em maior ou menor grau;

e em diversos países, o acesso a determinados *sites* ou conteúdos é proibido, seja por motivações políticas, seja por religiosas, observa Segurado (2011). Para se instaurar o cerceamento, adotam-se filtros que barram a visualização de materiais por meio de sistemas de alerta disparados por "palavras sensíveis".

O quadro é complexo. O próprio tráfego global de dados ocorre, na maior parte, via cabos submarinos, e a distribuição desses conectores é relativa a objetivos fortemente definidos por objetivos políticos e econômicos, de maneira menos afeita ao que seria esperado de uma tecnologia que busca, idealmente, formas de integração entre os povos do mundo. De acordo com Bischof, Rula e Bustamante (2015), um exemplo nesse sentido é que parte da internet em Cuba funciona por ser conectada a um cabo da Venezuela, o Alba-1, e o restante da estrutura de conexão acontece por meio de satélite, o que significativamente encarece os valores de uso da rede na ilha. Sobre isso, Pimenta (2016, p. 79, grifo do original) destaca:

> *Grosso modo* para além das possibilidades emancipatórias, democráticas, deliberativas e de ação presentes no território da **internet**, precisamos não ignorar o fato de que todo este "simulacro", que certamente influencia o espaço físico social, continua ancorado por um sistema nada virtual e, portanto, muito real, de cabos submarinos e grandes servidores que por si só continuam a evidenciar uma velha forma de dominação socioeconômica e de controle: do monopólio dos bens materiais, de tecnologia e sua infraestrutura necessários à

circulação da informação em escala global e, portanto, representantes de uma economia política infocomunicacional planetária.

De toda forma, a *web* tem em sua base ideais de compartilhamento e cooperação que, muitas vezes, chocam-se com os interesses das grandes organizações que fomentaram e sustentam a existência da dimensão digitalizada de experiência humana. As redes apresentam uma dimensão democrática potencial bastante expressiva. Assim, é preciso considerar que a interligação global permitida em maior ou menor grau pela internet é um elemento de grande valor, em especial para grupos sociais que procuram defender seus direitos por intermédio da visibilidade que o ciberespaço pode fornecer. Não é, no entanto, possível dizer peremptoriamente que o ambiente *on-line* seja desprovido de hierarquia e controle. Conforme Galloway (2009, citado por Segurado, 2011, p. 57):

> É fundamentalmente redundante dizer "internet regulamentada". A internet é regulação e nada mais. Basta olhar para os protocolos. O "C" no TCP/IP significa "Control". Eu sou contra a ideia, que ainda é bastante comum, de que a internet é uma força que, fundamentalmente, elimina regulação, hierarquia, organização, controle, etc. Redes distribuídas nunca estão "fora de controle" – este é o pior tipo de ilusão ideológica. A questão fundamental, portanto, nunca é se existe ou não controle, mas de preferência perguntarmos: Qual é a qualidade desse controle? De onde ele vem? Ele é dominado

pelos governos, ou é implantado no nível da infraestrutura das máquinas? Não tenho a pretensão de responder à questão sobre o poder do governo, pois há décadas e séculos de textos dedicados aos excessos do poder estatal. Ainda podemos ler esses livros. A minha contribuição é meramente ao nível da infraestrutura e da máquina. Qual é a especificidade da organização informacional? Esta é a questão básica da [sic] protocolo.

Não deve ser surpresa alguma que as possibilidades de proteção aos usuários e à natureza da rede são constantemente atacadas por instâncias que procuram controlar o acesso e se apoderar de dados. No Brasil, o Marco Civil da Internet, oficialmente chamado de Lei n. 12.965, de 23 de abril de 2014 (Brasil, 2014), em vigor desde 2014, tem como objetivo garantir os direitos dos indivíduos e a integridade da rede no país. Nessa concepção, a manutenção da neutralidade da rede é um dos principais pontos da lei, cuja intenção é assegurar aos usuários o acesso mais democrático possível, uma situação que, infelizmente, pode começar a mudar em breve.

5.5
Tecnoutopia, tecnoapocalipse e tecnorrealismo

É necessário pontuar, por fim, que as perspectivas sobre a cibercultura costumam ser amparadas em diferentes prismas de interpretação. O que é novo ou diferente suscita sensações como ansiedade, medo e excitação nos seres humanos, o que engloba a obra tecnológica criada pelo próprio homem. Estudiosos dividem-se entre tecnofilia, tecnofobia e a postura (auto) considerada realista diante dos avanços tecnológicos. Como cada posição ajuda a compreender o universo cibercultural que habitamos?

Os teóricos da tecnoutopia, de acordo com Lemos (2010), sustentam que os novos sistemas tecnológicos fomentam uma revolução, visto que reestruturaram por completo as formas de conexão, comunicação e acesso a informações da humanidade. Para os tecnoutópicos, esse fator já implicaria mudanças na organização das sociedades contemporâneas: "as novas tecnologias de comunicação (digital, multimodal e imediata) causam uma reestruturação e descentralização das estruturas de poder vigentes (mediático, político, social), descentralizando-o" (Lemos, 2010, p. 248).

Em viés crítico, Rüdiger (2011) aponta que os pesquisadores da vertente tecnoutópica acreditam piamente no potencial redentor da tecnologia para a humanidade, sob uma ótica cuja esperança extrapolaria as lições históricas. Para ele, a maior referência dessa corrente é Pierre Lévy, principalmente a partir de sua crença no conceito de inteligência coletiva – constituída no compartilhamento, via redes, de conhecimentos dos sujeitos, com base na concepção de que os saberes de todos se complementam. Apesar da discordância em relação às principais ideias de Lévy, Rüdiger (2011) entende que o teórico não defende uma visão tecnicista, mas que seu posicionamento liberal humanista acaba por ignorar os problemas relacionados ao desenvolvimento tecnológico, em particular os interesses da reestruturação capitalista que se encontram no cerne da temática enfocada.

Rushkoff (2002) sintetiza sete prerrogativas percebidas no pensamento tecnoutópico:

1. A tecnologia reflete e encoraja os melhores aspectos da natureza humana.
2. A tecnologia aperfeiçoa nossa comunicação interpessoal, relacionamentos e comunidades.
3. A tecnologia democratiza a sociedade.
4. A tecnologia, inevitavelmente, progride.
5. Impactos imprevistos da tecnologia são positivos.
6. A tecnologia aumenta a eficiência e as possibilidades de escolhas do consumidor.
7. Nova tecnologia pode solucionar problemas criados pela tecnologia antiga.

Concebidos como realidade, nenhum desses pressupostos pode ser considerado verdadeiro aprioristicamente (quer dizer, *antes* de acontecer ou ser percebido). A visão tecnoutópica tem no chamado *wishful thinking* sua principal questão: o termo em inglês é referente à formação de crenças e tomadas de decisões guiadas por aquilo que se deseja ter como resultado, deixando de lado evidências em contrário. Assim, os teóricos dessa vertente, em nome do idealismo na relação entre sociedade e tecnologia, deixam de reconhecer aspectos fundamentais que estruturam ou são consequentes das NTICs em seu entrelaçamento à existência humana.

No outro polo interpretativo, encontram-se os devotos do tecnoapocalipse. Em 1964, o semiólogo italiano Umberto Eco publicou *Apocalípticos e integrados* (2011), livro no qual debateu a influência da cultura de massa e da chamada *indústria cultural* na sociedade. Eco dividiu a comunidade de pesquisadores entre otimistas (os integrados), que viam um potencial inovador na amplitude que os fenômenos culturais forjados na lógica da comunicação massiva adquiriam globalmente, e pessimistas (os apocalípticos), que se mostravam descrentes e preocupados diante dos novos cenários instaurados pela irrupção da mídia de massa. O autor criticava uma visão considerada ingênua, relacionada às ideias de Marshall McLuhan sobre os potenciais da tecnologia no que tange à sociabilidade humana, e um posicionamento demasiadamente negativo sobre os fenômenos comunicacional-midiáticos, correlacionado ao que se considerava a degradação dos valores da alta cultura, perspectiva defendida por alguns teóricos da chamada *escola de Frankfurt*.

Embora tratasse mais especificamente de discussões acerca da dimensão que os meios de comunicação alcançaram à época, a distinção delineada por Eco acabou sendo incorporada também por perspectivas acerca do desenvolvimento tecnológico nas décadas seguintes. Dessa maneira, em polo oposto aos tecnoutópicos, encontram-se teóricos com concepções negativas sobre a ampliação da presença das NTICs na vivência social. Os tecnoapocalípticos sustentam que, com o avanço das áreas de inteligência artificial e biotecnologia, por exemplo, os indivíduos se encontram em um processo de perda de controle da técnica, o que deverá culminar em terríveis consequências para a humanidade.

O pessimismo tecnológico é representado por diversos autores, como os filósofos franceses Jean Baudrillard e Paul Virilio, por exemplo, que expressaram preocupações acerca da própria realidade diante do real construído pela tecnologia, principalmente pelo excesso de informações veiculadas pelos meios de comunicação. De forma geral, segundo Baudrillard (citado por Lemos, 2010), a cultura de massa reverte-se na institucionalização da virtualização, de uma realidade virtual, e esta se forma como simulação da realidade entendida como verdadeira; o excesso de informação leva à não comunicação/interação, visto que é criado um efeito de saturação. Como resultado, tem-se a produção de simulações de interação, o que o teórico denomina *simulacros*: em latim, *simulacrum*, ou "similaridade", seriam as cópias de elementos que nunca realmente existiram, em um mundo regido por signos. As reflexões de Baudrillard obtiveram grande visibilidade após o lançamento do filme *Matrix* (1999), visto que os diretores disseram ter se inspirado na obra *Simulacros e simulação* (1981).

Virilio (citado por Lemos, 2010), por sua vez, observou que passamos a viver em um sistema dromológico – *dromos*, em grego, significa "corrida" –, no qual a velocidade torna-se a medida de todas as coisas, a lógica que guia a humanidade. As NTICs, atreladas ao movimento de globalização, reformularam a experiência do espaço-tempo, panorama em que a velocidade converte-se em riqueza, potência de ação. Ao mesmo tempo, cada tecnologia resulta na programação de uma nova forma de acidente, o que sublinha o caráter destrutivo do desenvolvimento técnico. É fulcral apontar que a velocidade é um processo violento, contrário ao tempo de reflexão, e uma sociedade fundada nessa ótica termina por deixar de lado a razão, dando primazia ao reflexo instantâneo. Uma das principais consequências dessa formulação, para Virilio, é a irrupção do pensamento *transpolítico*, no qual não há espaço para discussão ou debate racional sobre as temáticas políticas (que demandam análise profunda). Substitui-se razão por rapidez, borrando a percepção da realidade. Assim, para Virilio, observa Lemos (2010, p. 73), "com os computadores, é a informação que é transportada, mas não as sensações".

O interesse por encontrar um equilíbrio entre as posições de tecnoutópicos e tecnoapocalípticos ocasionou o desenvolvimento do movimento tecnorrealista. Em 12 de março de 1998, um grupo formado por 12 escritores, jornalistas e pesquisadores em Nova Iorque publicou o manifesto *Princípios do tecnorrealismo* (Technorealism, 2021), no qual constam 8 prerrogativas básicas:

1. A tecnologia não é neutra.
2. A internet é revolucionária, mas não utópica.
3. Governo desempenha importante papel na fronteira eletrônica.
4. Informação não é conhecimento.
5. Interconectar as escolas não as salvará.
6. A informação quer ser protegida.
7. As ondas transmissoras de informação são de domínio público, e o público deve se beneficiar de seu uso.
8. Compreender a tecnologia deve ser um componente essencial da cidadania global.

Apesar de supostamente buscar uma visão equilibrada da relação entre indivíduos e novas tecnologias, o conjunto de princípios é criticado por alguns pesquisadores. Lemos (2010, p. 254) sustenta que o tecnorrealismo visa estabelecer uma concepção hegemônica sobre o significado da realidade sociotécnica, classificando ideias distintas como pontos de vista extremados (nomeando-os de *otimistas* ou *pessimistas*) e rejeitando "o que há de visionário ou de desmesura, desabonando opiniões divergentes, neutralizando-as no seu suposto excesso retórico".

Em perspectiva ampla, as filiações utópicas, apocalípticas e realistas sobre a cibercultura e o mundo que ela representa evidenciam ideologias, discursos e representações que conformam tanto os limites quanto as estruturações internas dessa nova dimensão da experiência humana. Os avanços e os cerceamentos interagem dialeticamente, sendo parte indissociável da expansão dos processos ciberculturais.

Síntese

Neste capítulo, discutimos algumas questões relativas ao que aqui denominamos *bordas estruturais* da cibercultura. Seguindo essa ideia, trouxemos questões que entremeiam a dimensão digitalizada da humanidade às dinâmicas dos campos social e político, de forma a ser possível analisar esse imbricamento. O que se torna cada vez mais claro é a junção entre diferentes lógicas na constituição de uma realidade que aponta para o incremento da complexidade contemporânea. Dos poucos prognósticos que podem ser feitos para curto, médio e longo prazos, está a certeza de que os seres humanos não serão mais os mesmos, tendo em perspectiva que a tecnologia atingiu a dimensão da sociabilidade de maneira incomensurável.

Dito isso, há uma inevitabilidade acerca das discussões dos processos de digitalização da vida. Conquanto, em seu conjunto, as relações sociais (tanto em horizonte micro quanto macro) refletam as disputas entre distintas forças que interagem, é impossível projetar uma existência em sociedades nas quais há uma dissonância extrema entre possibilidades dentro do sistema. A divisa entre grupos que detêm poder para impor suas ideologias e suas demandas sobre aqueles desprovidos da mesma força tende a aumentar exponencialmente – é possível dizer que na mesma velocidade que os avanços tecnológicos.

Caso não haja uma transformação ampla das relações sociais e políticas (que passam fortemente pelo poderio econômico-financeiro), as projeções para o futuro dos seres humanos são especialmente sombrias. Os cenários distópicos tantas vezes apresentados em filmes e séries vão ganhando materialidade por meio da virtualidade, pois reside na utilização dos avanços tecnológicos o principal substrato de ampliação da desigualdade global. Seja em nome de governos, seja de empresas ou grupos sociais, as consequências da extrema diferença digital, em relação à posse ou à utilização, serão econômica, social e politicamente muito graves.

Estudo de caso

A ideia de que a rede mundial de computadores é um território livre, sem comandos, é verdadeiramente uma falácia. Há um amplo e efetivo controle referente ao acesso a conteúdos, uma situação coordenada, especialmente, por instituições estatais e empresariais – afinal, a internet é, de maneira pragmática, um grande serviço de conexões.

Essa "natureza" da rede fica exposta quando há conflitos de interesses estratégicos. Exemplo disso é o recente desentendimento entre o Facebook, a principal rede social da atualidade, e o governo da Austrália, conforme relata Vicentin (2021) em:

> VICENTIN, T. Facebook × Austrália: entenda o bloqueio de notícias no país. **Olhar Digital**, 25 fev. 2021. Disponível em: <https://olhardigital.com.br/2021/02/25/pro/facebook-x-australia-entenda-o-bloqueio-de-noticias-no-pais/>. Acesso em: 1º mar. 2021.

A empresa, em represália a uma tentativa de cobrança sobre o material noticioso publicado em plataformas digitais, simplesmente barrou o acesso dos australianos a tais conteúdos jornalísticos veiculados no Facebook.

Esse episódio ilustra o poder que grandes grupos do negócio da tecnologia desempenham na sociedade contemporânea, tendo em vista que, apesar dos discursos sobre liberdade, a dimensão do ciberespaço também responde a questões *off-line* – nesse caso, a restrição de acesso à produção da mídia jornalística do país da Oceania constitui-se uma ação de censura perpetrada por uma companhia privada, cujo poder é transnacional. Nesse sentido, escapa ao controle da autoridade do Estado. Assim, é necessário perguntar: Quem controla os controladores?

Questões para revisão

1. Para Romero-Rodríguez et al. (2016), o termo *analfanauta* refere-se a um amplo contingente de indivíduos com acesso funcional às tecnologias midiático-digitais, mas que não apresentam competências midiáticas e informacionais suficientes para compreender e fazer oposição, sendo o caso, à grande quantidade de informação, pseudoinformação e desinformação *on-line*. Sobre isso, assinale a alternativa correta:
   a) Os analfanautas são resultado da brecha digital, isto é, da desigualdade de acesso às novas tecnologias.
   b) O ecossistema digital está sempre mudando, e o estabelecimento de uma "infodieta digital", de caráter muito estável, pode resultar rapidamente em obsolescência.
   c) A cultura de "infoxicação" é reflexo do excesso de educação em relação ao campo midiático-digital.
   d) Literacia midiática, ou *media literacy*, é o amplo processo que explica a conformação de uma cultura digital de proporções globais.
   e) O modelo comunicativo "um para todos" é corroborado pela concepção de que, em redes digitais, usuários podem se converter em emissores (modelo todos para todos).

2. De acordo com Bakir e McStay (citados por Brites; Amaral; Catarino, 2018, p. 86), as notícias falsas causam problemas à sociedade e ao funcionamento dos sistemas democráticos, sobretudo: "(1) a produção de cidadãos erroneamente informados, que (2) provavelmente ficam erroneamente informados

em 'echo chambers' e (3) são emocionalmente hostilizados ou indignados diante da afetiva e provocativa natureza de muitas notícias falsas". Sobre as notícias falsas, assinale a alternativa correta:

a) Há ampla contratação de empresas especializadas para influenciar eleições por meio do uso de perfis falsos, criando consensos sobre candidatos ou opções políticas.

b) A utilização de mensagens por meio de aplicativos como WhatsApp acaba atingindo uma pequena parte do público, tendo em vista que a internet ainda não alcançou um número significativo de usuários.

c) As notícias falsas (conhecidas como *fake news*) têm por objetivo fortalecer as instituições democráticas ao colocá-las à prova.

d) As *fake news* procuram apropriar-se de elementos contextuais (gráficos, textuais, discursivos etc.) do universo jornalístico, mas a população, em geral, consegue reconhecer as diferenças entre materiais legítimo e falso.

e) As notícias falsas atuam sobre os processos cognitivos do público, apelando à razão e deixando de lado as emoções.

3. Os pesquisadores que seguem as três matrizes de pensamento acerca da tecnologia são chamados de:
   a) Tecnoutópicos, tecnomoralistas e tecnorrealistas.
   b) Tecnoutópicos, tecnolibertários e tecnonaturalistas.
   c) Tecnolibertários, tecnodigitais e tecnossociais.
   d) Tecnoutópicos, tecnoapocalípticos e tecnodigitais.
   e) Tecnoutópicos, tecnoapocalípticos e tecnorrealistas.

4. Por que a "neutralidade" da rede é mais uma utopia do que realidade?

5. O que foi o *patriotic act*?

Questões para reflexão

1. A tecnologização da vida trouxe mudanças que podem ser consideradas irreversíveis à trajetória da humanidade. Essa indissociabilidade fica cada vez mais clara quando atentamos para a conformação de controle e vigilância exercida via máquinas sobre as pessoas. Importa ter em consideração o termo *via*, pois essas ações são processos de poder possibilitados pelos avanços tecnológicos, mas que atendem a demandas de grupos específicos da sociedade.

    Faça uma análise acerca dos dispositivos empregados para monitoramento dos indivíduos de maneira relacional à importância da existência de um contexto democrático. Como essas dimensões se desequilibram? O que poderia ser feito para reajustar essa correlação?

2. A privacidade é um valor que perde força a cada dia na internet. Se, anteriormente, a esfera privada era mantida distante das redes, na contemporaneidade, constata-se a extrema exposição, o que acaba por gerar uma grande quantidade de dados acerca dos usuários. Como a referida visibilidade pode dar vazão a formas de controle e vigilância no ciberespaço?

Capítulo 06

O homem quer ser máquina. Mas e a máquina, quer ser homem? Uma fascinante (e perigosa) jornada na era dos robôs

Marcelo Barcelos

Conteúdos do capítulo:

- Presente e futuro da relação homem-máquina.
- Avanço cotidiano da robotização.
- Desenvolvimento da Inteligência Artificial (IA).

Após o estudo deste capítulo, você será capaz de:

1. compreender os impactos da IA na atualidade;
2. entender como hoje se desenvolve a relação homem-máquina e suas potencialidades futuras;
3. relacionar os principais conceitos sobre robótica, internet das coisas e tecnorrealismo;
4. identificar o avanço das redes sem fio e dos dispositivos móveis no contexto da cibercultura;
5. analisar a evolução da humanidade a caminho da integralidade cibernética.

Qual é o impacto da inteligência artificial (IA) na era das máquinas que agem como humanos e do fascínio tecnicista que a sociedade pós-industrial alimenta em torno dos robôs? Pouco antes de falecer, em 2017, o físico e cosmólogo britânico Stephen Hawking – considerado uma das mentes mais brilhantes da história – defendeu que essa questão é primordial para se refletir acerca do tipo de sociedade que estamos construindo, entre humanos com supercapacidades biônicas e máquinas que os imitam: "'Conseguir, com sucesso, criar tecnologias eficazes de Inteligência Artificial (IA) poderá ser a melhor coisa que aconteceu na história da Humanidade. Ou poderá ser a pior', alertava Hawking, num paradigma que se torna central na profusão da vida digital, na atualidade da cibercultura" (Barcelos; Paulino, 2019, p. 2).

Tendo como norte essa e outras perguntas, neste capítulo, debateremos os progressos e os temores diante do delirante futuro da relação homem-máquina, do avanço vertiginoso da robotização cotidiana e de alguns limites que estão no horizonte do desenvolvimento da IA, desdobrando, desse modo, questões abordadas anteriormente em conjunto a Paulino (Barcelos; Paulino, 2019).

6.1
Encanto e temor: da literatura à realidade, a radicalização do homem-máquina

O fascínio de (re)produzir o homem na máquina, tal qual ele é, ou parte de sua humanidade subjetiva, é uma característica que atravessa a sociedade há muitos séculos, embora ela jamais tenha experimentado, como nos últimos anos, uma condição sociotécnica tão favorável ao desenvolvimento de máquinas pensantes e com afetividade e programação que imitam perfeitamente as habilidades humanas orgânicas. Do "robô"[1] de Leonardo da Vinci (Figura 6.1), desenvolvido em 1495, à IA primorosa de Alexa, da Amazon, criada em 2014, o objetivo parece ser o mesmo: o desejo de automatizar, em uma máquina, um fragmento de uma ação exclusivamente humana, seja um componente físico, seja psicológico ou comportamental.

---

1 Marco histórico na discussão sobre robótica e ciborgues, o cavaleiro autômato projetado por Da Vinci seria capaz de se sentar, andar, mover a cabeça e, segundo se noticia, até de levantar o visor de sua armadura.

Figura 6.1 – Cavaleiro autômato de Da Vinci

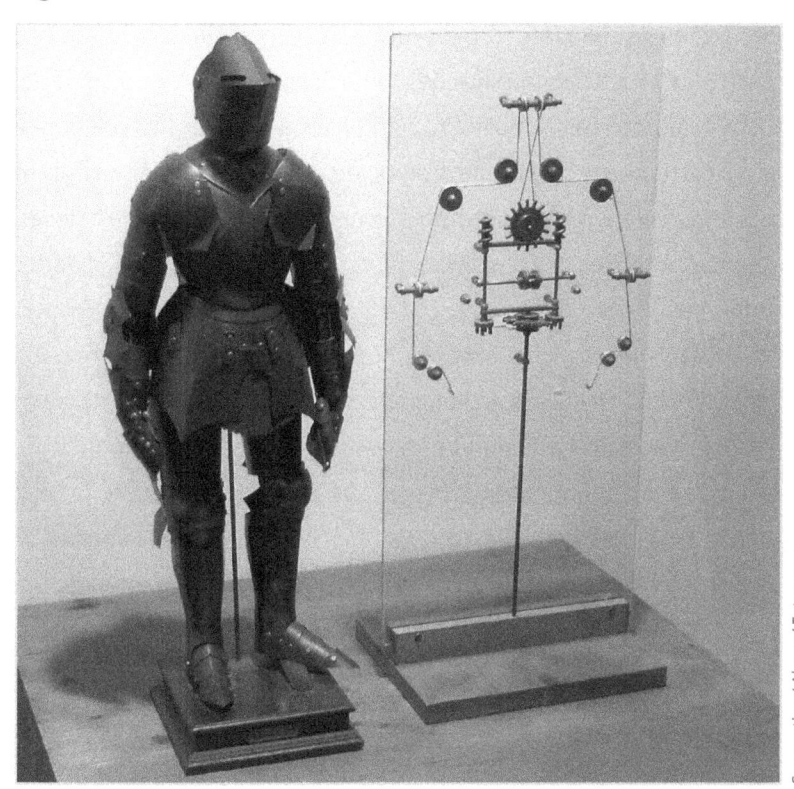

Ao que tudo indica, já alcançamos o ponto de inflexão, isto é, chegamos muito perto de máquinas serem, em forma, personalidade e agência, espelho de nós mesmos, em que parece inevitável a profecia de que nos tornaremos, em certo modo e grau, parte máquina; e as máquinas, na contramão, um artefato que carrega e transforma nossa humanidade.

Seguindo esse raciocínio, ousamos arriscar que a abordagem homem-máquina é ensejada por uma subjetividade evolutiva. Trata-se, portanto, de uma narrativa imaginária que percorre diferentes âmbitos, camadas sociais e épocas, com destaque às incursões da ciência – com o avanço da tecnologia, sobretudo nos séculos XX e XXI, as implicações filosóficas emergentes e, especialmente, a contribuição da ficção científica, da literatura ao cinema – e, mais fortemente nos últimos anos, ao próprio imaginário contemporâneo coletivo – constituído por um extremo fetiche em desenvolver aplicações, extensões e objetos que repliquem capacidades humanas.

No conhecido e influente *Manifesto ciborgue*, originalmente publicado em 1985, a filósofa e bióloga norte-americana Donna Haraway (2009) descortina a fusão do homem com a máquina, apontando transformações antinaturais inevitáveis à sociedade contemporânea, desde a mecanização dos processos sociais até a transformação do próprio corpo humano em corpo biônico, seja pela ingestão de um simples remédio, seja pela incorporação de uma prótese restaurativa. De acordo com a autora:

> A ficção científica contemporânea está cheia de ciborgues – criaturas que são simultaneamente animal e máquina, que habitam mundos que são, de forma ambígua, tanto naturais quanto fabricados. A medicina moderna também está cheia de ciborgues, de junções entre organismo e máquina, cada qual concebido como um dispositivo codificado, em uma intimidade e com um poder que nunca, antes, existiu na história da sexualidade. [...]

O homem quer ser máquina. Mas e a máquina, quer ser homem? Uma fascinante (e perigosa) jornada na era dos robôs

No final do século XX, neste nosso tempo, um tempo mítico, somos todos quimeras, híbridos – teóricos e fabricados – de máquina e organismo; somos, em suma, ciborgues. (Haraway, 2009, p. 38)

Concordando com Haraway e elegendo como fatores determinantes desse processo simbiótico a ficção científica e os sistemas eletrônicos, como a internet, o computador pessoal e o ciberespaço, Oliveira (2003, p. 178) lembra que, de forma bem demarcada, nos últimos 30 anos, "assistimos a um fato curioso: os monstros e os mundos possíveis da ficção científica parecem escapar das páginas de livros e telas de cinema e se materializar em nossos laboratórios". Como exemplo disso, podemos citar a primeira adaptação cinematográfica de *Frankenstein*, produzida pela Universal Pictures.

Nessa viagem histórica sobre o fetichismo ciborgue, do homem-máquina e diante da fundação de uma nova ontologia para o homem pós-moderno, ou, indo mais além, para o homem pós-humano, não podemos deixar de mencionar a reflexão que a obra *Frankenstein ou o Prometeu moderno* (1816-1817), da escritora gótica britânica Mary Shelley, provocou na ideação do homem-máquina, à época, entendido como um monstro, um misto de homem e novos fragmentos, feito em laboratório, remendado, mais potente, menos frágil e com dimensões transumanas.

Embora a "interface" de Frankenstein assustasse, e provocasse certo horror aos leitores daquele século, essa construção imaginária e literária, de certo modo, ao longo dos tempos, até pode ser compreendida como gatilho que romantiza a figura de um ser estranho, à margem da humanidade, mas criado pelo homem, adaptado para agir como ele – e à espera de ser aceito. E, como tal, regulado pelas leis que seus criadores lhe imputam[2].

Um ser que, futuramente, pode se converter numa "máquina" mais amigável, afetuosa e, claro, inteligente, como as interfaces gráficas desde o computador aos assistentes virtuais, acionados essencialmente por suas funcionalidades cognitivas.

Frankenstein esboça, assim, um retrato em construção de como a IA vem sendo aprimorada como um signo perseguido pelo homem, ganhando forma, reconhecimento e relevância, com destaque à emergência das tecnologias digitais e ao surgimento da *cibercultura*, termo criado por Gibson (2015) em 1984 para designar um território permeado pela velocidade, interatividade e diluição das territorialidades.

Ainda sobre tal figura, Silva e Moreno (2005, p. 127) afirmam:

> A literatura moderna nos conta, em alguns de seus clássicos, o descobrir da pele, "mostrando-nos", através dos corpos de seus personagens, as vísceras e o sangue. Assim é Frankenstein, um monstro que nos revela a fascinação do homem sobre a

---

2   Apesar de não ser o foco do debate deste capítulo, trataremos, brevemente, de questões regulatórias sobre a responsabilidade das máquinas inteligentes, em especial, discutindo o que propõe o Parlamento Europeu na Resolução 2018/C252/25, de 16 de fevereiro de 2017 (União Europeia, 2017), com recomendações à Comissão de Direito Civil sobre Robótica (2015/2103(INL)). Conforme Pires e Silva (2017), esse documento estratégico tem a função resolutiva de possibilitar à União Europeia assumir uma postura de vanguarda na implementação de leis que defendam princípios éticos básicos "a serem respeitados no desenvolvimento, na programação e na utilização de IA e de robôs, visando à integração desses princípios nos regulamentos e na legislação dos seus estados-membros" (Pires; Silva, 2017, p. 241).

carne, trazendo o corpo virado e revirado, um amontoado de músculos, ossos e pele conectos por linhas e vitalizados pela eletricidade. Esse "monstro" da literatura expõe o corpo como material biológico: um condensado de células, tecidos e órgãos desordenados, reordenados numa aparência que desperta o asco. Frankenstein tem um corpo composto por partes humanas, porém sem a "perfeição" do ser humano.

Na atualidade, essas criações, antes monstruosas, em certa medida, passaram a ser aceitas e desejadas, no berço da Era da Informação, da computação moderna e da internet.

A representação de frações do sujeito e de suas subjetividades combina e se conecta, ainda, com a metáfora da Matrix, a rede de computadores em que o programador Neo, o protagonista do filme de ficção científica sucesso do final dos anos 1990, transita, navega e ministra sua vida ciborgue, avatarizada, contra o sistema de máquinas opressoras. Apesar de a trama apresentar uma estética extremamente apocalíptica e de guerrilha cibernética, é impossível não associar o imaginário do mundo biônico que estamos construindo à obra – e à tensa e fantasiosa relação do homem com a máquina; afinal, seja por novos corpos humanos adaptados, seja pela legitimação de corpos biônicos robóticos, a humanidade pós-massiva parece, em algum patamar, ter almejado esse futuro.

Para Oliveira (2003, p. 178),

> Na virada do século XX para o XXI assistimos a um fato curioso: os monstros e os mundos possíveis da ficção científica parecem escapar das páginas de livros e telas de cinema e se materializar em nossos laboratórios. O rato com orelha humana nas costas, o computador enxadrista *Deep Blue*, o canadense Steve Mann – o *cyberman*, o ciberespaço e a realidade virtual são alguns exemplos. Esses seres e mundos híbridos, frutos das tecnologias de informação e da comunicação mediada por computador, indicam a perda de nitidez nas fronteiras modernas entre orgânico/maquínico, natural/artificial, físico/não físico, corpo/mente, factual/ficcional [...].

Ainda que nossa articulação de conceitos esteja inclinada, neste ponto, a demonstrar fissuras, marcas e problematizações na relação homem-máquina, cabe comentar que essa temática tem relação direta com a constituição desse novo ambiente de trocas e circulação (de informação, interações etc.) que denominamos *ciberespaço*, como anteviu Wiener (1948), visto que o termo foi cunhado a partir da publicação de seu livro *Cybernetics: or Control and Communication in the Animal and the Machine*.

É nesse novo território onipresente que, a partir de então, radicaliza-se a experiência da relação homem-máquina (homem-computador/homem-máquina/homem-rede) e onde são geradas muitas das interações que originam novas arquiteturas de laços sociais digitais do próprio capital social de cada indivíduo, sua encontrabilidade no mundo digital, o rastreamento de seu deslocamento, bem como a vigilância e a geração de dados decorrentes dessa imersão na ciberatmosfera, que está repleta de pegadas de nossos pós-sujeitos virtualizados. Martino (2014, p. 21) sintetiza isso de forma bastante singular, ao recapitular a origem do termo:

> De maneira às vezes um pouco vaga, o sentido de "ciber", desde o advento da internet e das mídias digitais, é atrelado a ambiente e tecnologias. "Ciber-alguma-coisa" parece implicar a conexão em rede, o digital e o espaço de ligação entre computadores. E há um sentido nisso: a noção original de *cybernetics*, "cibernética", foi uma elaboração teórica da relação entre informação, comunicação e controle em sistemas específicos.

Neste ponto, lembramos que Deleuze e Guattari (1980) trataram da desterritorialização do indivíduo associando suas permutas sociais durante processos de mobilidade, inferidas como internas e externas. Desse modo, para os autores, a malha condutora, o pensamento, é a desterritorialização absoluta que projeta mobilidades internas e externas.

Cabe, também, recuperarmos que, na linha do tempo proposta por Lemos (2004), o desenvolvimento da cibercultura, a partir da exploração da eletrônica, na década de 1970, foi marcado por duas fases. A primeira concerne ao surgimento da microinformática, caracterizada pelo nascimento do *personal computer* – PC (computador pessoal) e, nas duas décadas subsequentes, 1980 e 1990, do *collective computer* – CC (computador coletivo), uma alusão às máquinas conectadas em rede, partilhando interações, códigos e informações em tempos desterritorializados, em sincronicidade e velocidade cada vez maiores. Na sequência, na segunda fase, a máquina, as redes sem fio e os dispositivos móveis criaram uma nova esfera de apropriação da cibercultura, transformando a conexão em ambiente ocupado por ciborgues (Santaella, 2003, p. 133), por atores digitais descritos como "seres híbridos, habitantes do ciberespaço".

6.2
Entre virtualidades e extensões da humanidade conectada

Nessa teia alucinante de *bit* e carne, automatização e animismo humano híbrido, as preocupações e as tensões chegam muito perto do dilema enfrentado na trilogia de ficção *Matrix*, afinal, os usuários se tornaram reféns das máquinas, do tecnoliberalismo e, em parte, do sistema.

Depois de caracterizar, problematizar sobre e conceituar a *sociedade em rede*, termo que intitula suas principais obras, Castells (2005a), sociólogo que projetou uma rede virtual solidária – baseada em ideias como colaboração, altruísmo e participação popular –, diz-se cada vez mais preocupado com o rumo que as interações e as relações virtuais tomaram nesse dualismo homem-máquina e homem-rede, num contexto de extremo acirramento por domínios de mercado e na constituição do oligopólio digital. De acordo com o autor, as novas tecnologias destroem empregos, a Internet isola, nós sofremos de excesso de informação, a infoexclusão aumenta a exclusão social, o *Big Brother* aumenta a sua vigilância graças a tecnologias digitais mais potentes, o desenvolvimento tecnológico é controlado pelos militares, o tempo das nossas vidas é persistentemente acelerado pela tecnologia, a biotecnologia leva à clonagem humana e aos maiores desastres ambientais, os países do Terceiro Mundo não precisam de tecnologia, mas da satisfação das suas necessidades humanas, as crianças são cada vez mais ignorantes porque estão sempre a conversar e a trocar mensagens em vez de lerem livros, ninguém sabe quem é quem na Internet, a eficiência no trabalho é sustentada em tecnologia que não depende da experiência humana, o crime e a violência, e até o terrorismo, usam a Internet como um *medium* privilegiado, e nós estamos rapidamente a perder a magia do toque humano. (Castells, 2005b, p. 19-20)

É notável a relação interdependente, nessa jornada rumo ao corpo biônico e à interação integral, de componentes que formam diferenciações sobre níveis de interação, replicação e melhoramento, tanto se olharmos para a máquina que, embora programada para isso, deseja ser o homem, quanto para o homem que se revela interessado em ser parte máquina. Entre as muitas formas de classificar e organizar uma tipologia para compreender as relações possíveis entre homem e máquina, optamos pela defendida por Silva e Moreno (2005), que engloba tanto as máquinas híbridas, dotadas de IA, quanto o sujeito pós-humano, adaptado, melhorado, reinventado sob o binômio ciência-tecnologia, para o que vem a ser uma sociedade altamente influente, condição que Haraway (2009) tanto critica em seu *Manifesto ciborgue*, ao dizer que o homem, na atualidade, jamais voltará a ser totalmente puro novamente. Conforme os referidos teóricos:

> No trato com a máquina e com o homem, vemos máquinas que se incorporam, literalmente, ao ser, tornando-os "artificiais", ou ainda é possível ver androides que apresentam características humanas melhoradas. Várias são as perspectivas destas tecnologias, mas carregam consigo o humano como referência. Segundo sistematizações, as tecnologias "cyborguianas" podem ser: 1. **restauradoras: permitem restaurar funções e substituir órgãos e membros perdidos**. Aqui podemos destacar os transplantes de órgãos naturais e artificiais, as próteses de membros, a terapia com células-tronco etc.; 2. **normalizadoras: retornam as criaturas a uma indiferente normalidade**. Diz respeito a tecnologias que se incorporam tão intimamente que impossibilitam a identificação do artifício; 3. **reconfiguradoras: criam criaturas pós-humanas que são iguais aos seres humanos e, ao mesmo tempo, diferentes deles**. Robôs, humanoides; e 4. **melhoradoras: criam criaturas melhoradas, relativamente ao ser humano**. (Silva; Moreno, 2005, p. 130-131, grifo do original)

Interessam-nos, especialmente, as categorias 3 (reconfiguradoras) e 4 (melhoradoras). Na primeira, podemos contemplar, como indicam os autores, a criação de robôs, de um simples sistema que imita a redação textual ou a fala humana, como a IA dos assistentes virtuais, a outras criaturas dotadas de "superpoderes", a exemplo dos drones de visão noturna e, até mesmo, humanoides, robôs à semelhança corpórea humana e capazes de processar uma quantidade muito maior e mais complexa de informação do que a mente humana, apesar de ainda estarem longe de ter consciência, como demonstraremos adiante com modelos.

Um exemplo clássico desse modelo é a humanoide Sophia, considerada por muitos cientistas a máquina mais próspera na emulação da figura humana – objetivo de um ciborgue humanizado. Desenvolvida pela Hanson Robotics, empresa situada em Hong Kong, Sophia ganhou cidadania saudita em 2007, durante o Future Investment Initiative, em Riad, Arábia Saudita, um feito inédito para um robô em toda a história (Sophia..., 2017). Não bastasse a condecoração, a humanoide também vem ganhando notoriedade mundial pela capacidade de aprender com a resposta das interações, graças a seu sistema neural fundamentado em aprendizado de máquina; pela capacidade de esboçar 62 expressões humanas (como estranheza, medo, atenção, surpresa e felicidade, por exemplo, e até ironia) e, não gratuitamente, pela sua semelhança física com um humano. Sophia tem o rosto constituído por um tipo de látex muito similar à pele humana e suas feições, seus traços, suas características faciais e sua simetria foram baseados na face da atriz Audrey Hepburn, como é possível perceber na Figura 6.2.

Figura 6.2 – Sophia durante discurso na Conferência de Inovações Abertas no Technopark Skolokovo, em Moscou

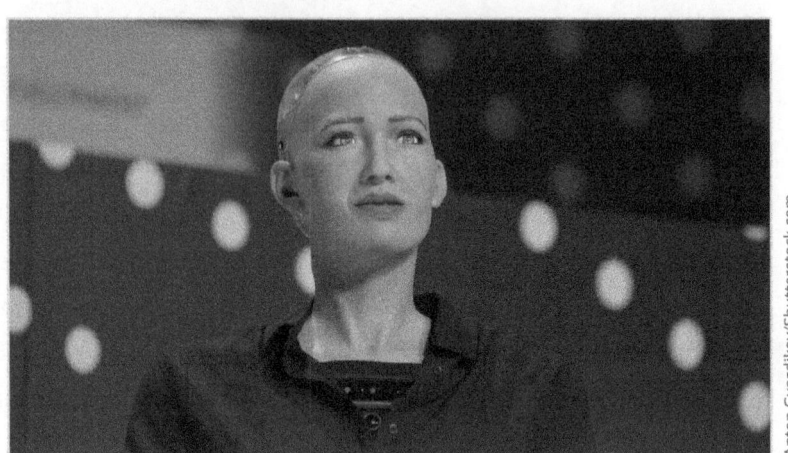

Anton Gvozdikov/Shutterstock.com

Porém, nem sempre a recente presença de Sophia em eventos, programas de entrevistas e feiras tecnológicas teve boa repercussão. Um ano antes, em 2016, a humanoide disse que seria capaz de destruir os humanos, ao responder uma pergunta durante uma entrevista (Silveira, 2016). Embora ainda não represente uma ameaça de grande porte à humanidade, o gesto de Sophia trouxe à tona uma das questões mais intrigantes quando se fala de máquinas semelhantes aos humanos, com agência e *performance* que nos imitam ou realizam tarefas cotidianas, mecânicas ou intelectuais antes exclusivas de pessoas: Será mesmo que um dia essas máquinas poderão nos superar ou até mesmo nos ameaçar, quando contrariadas ou em situações indesejadas, como uma briga íntima?

Um dos mais respeitados e polêmicos cientistas do ramo da robótica, Raymond Kurzweil, o engenheiro futurista do Google, defende que até 2030 teremos máquinas tão inteligentes quantos os humanos, sob a profecia de uma IA que não somente responda a um sistema preestabelecido, tanto pela automatização programada quanto pela resposta a um comando ou seu cumprimento (Duarte, 2018). Apesar de dividir muitas opiniões quando faz projeções sobre máquinas com consciência de seus atos, o pesquisador alimenta, na verdade, uma perspectiva ou um paradigma transumanístico, segundo o qual seria praticamente impossível distinguir o homem da máquina, e vice-versa. Esse tipo de condição permeia cada vez mais a figura do homem pós-humano, seja nas artes, seja na biologia, seja na literatura e, claro, na tecnologia.

Isso não é novo, como ensina Asimov (1920-1922)[3], o Pai da Robótica, seguramente o mais célebre escritor de ficção científica do século XX. O autor contribuiu de maneira inédita para a constituição, com sua obra, de um robusto imaginário coletivo habitado por máquinas, robôs e ciborgues – imaginário este que, em nossa concepção, está em franca expansão, quando debatemos o futuro do humanidade híbrida. Nesse aspecto, não se pode esquecer de que Asimov, entre tantas preocupações, em sua narrativa futurista, formulou as três leis da robótica (citadas no Capítulo 1), com as quais procurou estabelecer limites para evitar, claramente, os conflitos e a dominação cibernética que tanto tememos.

Em *Eu, robô* (Asimov, 2015), estão latentes questões como o surgimento dos robôs e suas relações primárias de afetividade com

---

3   Asimov publicou mais de 400 trabalhos, entre livros, séries, contos e artigos de divulgação científica, quase sempre demonstrando seu fascínio pela figura do robô. Suas obras mais conhecidas e admiradas compõem as séries *Robôs*, *Império* e *Fundação*. Nessa primeira, o autor apresentou o livro *Eu, robô* (1950), clássico dos clássicos da literatura de ficção científica.

os humanos, seu poderio dominante – que pode ser interpretado como uma crítica ao controle e ao totalitarismo das máquinas –, sua inteligência e sua consciência; e, como decorrência dessas ameaças, a fuga, o temor, o enfrentamento e a expansão humana para mundos interplanetários.

Considerando-se a compreensão de que o cinema, as artes e a literatura alimentam e forjam o pensamento cibernético, lado a lado com a explosão de novas tecnologias, um desejo planetário pela ciborguização e pela dissolução/fusão do homem com a máquina parece mais acentuado, tanto pela transferência de parte da vida, então industrial, para novos processos em rede quanto pelo acelerado espírito de época, que empurra a humanidade a um contexto de hiperconexão. Essa ponderação reflete, também, um redesenho, como dissemos antes, das formas de subjetividade, sociabilidade e interação social. Logo, nesse emaranhado cibernético, o cidadão digital vê-se impelido a experimentar uma existência expandida, como vimos na metáfora da Matrix. Nessa obsessão de eleger máquinas pensantes, mesmo que errantes, a sociedade global parece se reinventar, numa espiral de interdependência de sistemas, como assinala Martino (2014).

Na sociedade cibernética, como explica esse autor, o homem-máquina convive com novas barreiras digitais impostas pelo ciberespaço, como a vigilância e o monitoramento; encontra-se, ainda, imerso em uma rede cultural e tecnológica convergente, percebida como uma nova camada para participação e formação do que Lévy (1999) chamou de "inteligência coletiva", com todas as suas frustrações, seu controle e sua desordem. Elementos como interatividade, interfaces gráficas, segurança e proteção de dados, ubiquidade, velocidade e virtualidade compõem a epiderme do que podemos chamar de uma *humanidade a caminho da integralidade da vida cibernética*. Esse é, contudo, um arriscado salto rumo à transformação digital; uma recombinação híbrida que, segundo Martino (2014), tende a desaparecer, isto é, dissolver-se e incorporar-se às novas arquiteturas comunicacionais e organizações sociais nas cidades conectadas. Para esse teórico:

> O mundo virtual do ciberespaço, portanto, não se opõe ao que seria um mundo "real", das coisas desconectadas. Ao contrário, a noção de cibercultura leva em consideração que essas duas dimensões se articulam. A expressão "mundo virtual" pode se opor à "mundo físico", mas não à "mundo real". O mundo virtual existe enquanto possibilidade e se torna **visível** quando acessado, o que não significa que ele não seja real.
>
> Os dados que constituem o ciberespaço permitem não apenas duplicação de situações no mundo físico, mas também sua transformação. Um simulador de voo, por exemplo, pode calcular e duplicar elementos presentes na natureza, mas poderia calcular situações específicas além das condições climáticas da Terra. Dessa maneira, o espaço virtual é uma região potencialmente sem limites – mas nem por isso menos real. (Martino, 2014, p. 31, grifo do original)

Soa até mesmo como uma espécie de torcida, um discurso esperançoso que, a bem da verdade, é uma das vozes correntes que influenciam as ciências, a indústria e a humanidade a repensar formas de consumo, sociabilidade e conexões interdependentes de suas relações e trocas com as máquinas. Por essa razão, as tecnologias exponenciais, autônomas e digitais medeiam, ainda com mais intensidade e preocupação, um novo modo de ser: dos próprios objetos, de suas ações sobre o mundo por intermédio de novas funções (um telefone de 10 anos comparado a um *smartphone*), do impacto que exercem sobre seus usuários e de como estes se apropriam daqueles.

O olhar atento do arquiteto norte-americano Nicholas Negroponte, já em 1995, previu o que boa parte dos cientistas da computação defende até hoje: as máquinas serão tão parecidas conosco, dotadas de inteligência programada e capazes de aprender, que é inevitável não visualizar um futuro cibernético, datável, monitorado, diluído, em que conviveremos com amigos-robôs e rodaremos/trafegaremos em automóveis sem motorista, guiados por um copiloto autônomo, que também nos fará companhia.

6.3
Afinal, qual é o lugar das máquinas que "pensam"?

Examinando o futuro das interfaces, sob a ótica de um *design* voltado para a interação, cada vez mais fluído, humanizado e capaz de se tornar tão refinado a ponto de desaparecer, encontramos outra referência cinematográfica que norteia o pensamento computacional e discute até onde a máquina seria capaz de chegar: *2001: uma odisseia no espaço*, de Stanley Kubrick. Baseada no livro homônimo de Arthur Clarke, a produção, lançada em 1968, apresenta HAL 9000, o supercomputador que coordena a maioria das operações da nave Discovery em missão rumo a Júpiter.

Essa IA é representada iconicamente por um poderoso "olho sintético", uma lente que tudo observa e ouve de forma onipresente; está por todo lugar da nave, monitorando e vigiando a tripulação. Além disso, comunica-se por voz, que é sintética, mas idêntica à de um humano, o que expressa uma interessante metáfora para o alcance da IA e de seus condutores (como um assistente virtual, uma roupa com tecnologia vestível ou um totem interativo), hoje, agindo no trânsito de uma cidade, por exemplo.

O que talvez mais impressiona e assusta na *performance* e na construção de HAL (e lança inúmeras hipóteses futuras sobre o tema) ao se analisar o comportamento dele é que pensa de forma maliciosa; parece ter uma consciência, mesmo que primitiva e limitada, que lhe permite articular planos e tomar decisões egoístas, individualistas e autônomas, para se autopreservar e resguardar a missão, defendendo, em virtude desse propósito, que nunca erra, atribuindo, desse modo, a responsabilidade de qualquer equívoco à tripulação, quase como uma forma de imputar à condição humana uma inferioridade perceptível.

Ao suspeitar de uma mudança no curso da missão, HAL decide exterminar a tripulação, delineando uma trama sem precedentes, cenário em que, claramente, são violadas as três leis da robótica, propostas por Asimov em sua literatura também referencial. Esse personagem teve, assim, sua personalidade elaborada e reelaborada por Clarke até que desempenhasse um papel histórico no imaginário simbólico e nas reflexões que viriam a seguir, na década de 1980, com a maximização das experiências humano-computador.

Reiterando o exposto, Negroponte (1995, p. 85) afirma:

> Talvez isso explique por que motivo HAL, o computador estrela do filme, tenha constituído uma visão tão brilhante (ainda que letal) de uma futura interface homem-computador. HAL (cujo nome não se deveu às letras que precedem às de IBM) tinha um perfeito domínio da fala (tanto no sentido da compreensão quanto no da elocução), excelente visão e humor, este último o teste supremo de inteligência. Vinte e cinco anos se passaram até que surgisse outro exemplo de excelência em matéria de interface: *The Knowledge Navigator*. Esse vídeo, com protótipo transformado também em produção teatral, foi encomendado pelo então executivo-chefe da Apple, John Sculley, cujo livro, aliás, intitula-se *Odissey*. Terminava com algumas ideias para o "navegador do conhecimento", a serem transformadas posteriormente em vídeo. Ele queria mostrar uma interface do futuro para além de mouses e menus. Fez um excelente trabalho.

Nesse ensaio de Sculley que parece confirmar um panorama até visionário – dada a quantidade de robotização e automação já disponível, inclusive, comercialmente –, há muita controvérsia e indícios de assertividade sobre a materialidade de um computador que evoca presença, agência, percepção, aprendizado do usuário e encarnação de uma entidade que, mesmo a contragosto, sugere uma corporificação da máquina.

A percepção desse cenário adere perfeitamente na conceituação filosófica que Baudrillard (citado por Martino, 2014) formula sobre a realidade. Para o filósofo, na modernidade, praticamente toda a percepção de "real" não passa de um simulacro, uma simulação da realidade, dividido em diferentes instâncias, apropriações e ressignificações, no entrecruzamento incessante de tecnologias da comunicação e sociedade do consumo. A crítica de Baudrillard, em essência, não chega a alcançar as ideias de transumanismo, afetividade ciborgue e radicalização da vivência homem-máquina, mas se aproxima bastante do tensionamento provocado pela emergência de máquinas autônomas, reagentes e, não deixemos de lado, dotadas de IA. De acordo com esse estudioso,

> guardadas todas as proporções, a esfera da informação (entendendo-se ainda uma vez aí a circulação orbital em tempo real tanto do dinheiro quanto das imagens ou das mensagens) corre o risco, na perspectiva do desenvolvimento infinito de conexão universal de todas as redes que nos prometem, de conhecer uma reversão brutal do mesmo gênero. Com as autoestradas da informação, parece que estamos fazendo tudo para ultrapassar o limiar crítico. Onde os bons apóstolos só veem a maravilhosa expansão centrífuga, não estaríamos nos dirigindo para tal saturação e densidade que daí resultaria a deflação e o desabamento automático? Essa eventualidade não é mais a da distorção entre uma esfera ultrassofisticada,

ultraconectada e o resto do mundo desertificado (o quarto mundo informático), mas uma catástrofe intrínseca ao universo virtual de ponta, implosão por ultrapassagem da massa crítica. (Baudrillard, 2005, p. 18-19)

Muito menos favorável do que Negroponte (1995), Baudrillard (2005) tece uma pertinente crítica ao endeusamento da tecnologia cibernética, à própria condição de comunicação em rede, da qual provém a cultura do *cyber*, e à homogeneização de um senso digital, um padrão, do que se pode compreender e absorver como real, mas que não passaria de um simulacro, uma simulação de quem fomos e de como vivemos um dia. Na ótica de Baudrillard (2005), ao longo dessa jornada, o homem moderno (e agora pós-moderno, como nos cabe refletir) trilha um caminho perigoso, se adicionarmos um olhar antropológico e sociológico, sob o viés da ciborguização, justamente por ter de renunciar ao contato com esse real, já praticamente impossível de ser apreendido em sua totalidade.

Nesse ponto, fica muito nítida a oposição que Baudrillard (2005) defende ao colocar as mídias digitais e o tecnoliberalismo como uma amálgama que funde *bits* com subjetividades, representação com realidade concreta. Estamos diante, portanto, de uma nova forma de viver e apreender a realidade, agora diluída em experiências interativas e na própria metáfora da Matrix. Ainda segundo o autor:

> Talvez, no entanto, por trás desse otimismo tecnológico delirante, por trás desse encantamento messiânico do virtual, sonhamos justamente com o limite crítico e com essa inversão

de fase da esfera da informação – na impossibilidade de viver esse acontecimento considerável, essa implosão geral em nível do universo, teremos o gozo experimental em nível de micromodelo. Dada a aceleração do processo, o intercâmbio pode estar bastante próximo. É preciso, portanto, encorajar vivamente essa superfusão da informação e da comunicação. (Baudrillard, 2005, p. 19)

Reconhecendo essas preocupações como não superadas – ou melhor potencializadas num universo de novas tecnologias de comunicação e interfaces gráficas para reproduzir experiências do real –, entendemos que o fetiche tecnológico é um elemento desencadeador e propulsor das ciências, que dificilmente será freado ou paralisado, muito embora sejam urgentes a discussão e a reflexão acerca do impacto dessas novas interfaces e tecnologias inteligentes na humanidade – uma humanidade digital.

Se olharmos novamente para o *frisson*, à época, do The Knowledge Navigator, o computador de tela dobrável da Apple que ensaiava uma promessa de assistente virtual pessoal, cotado como modelo inicial do que seria o computador do futuro, podemos notar que várias características de ferramentas atuais, como a personificação de um ente tecnológico, com face, voz e comportamento, já eram prometidas nesse dispositivo visionário de Sculley, como descrito e pensado em seu livro *Odyssey*, de 1987. Nessa obra, Sculley projeta um dispositivo capaz de acessar um grande banco de dados em rede de informações de hipertexto e no acionamento de um assistente virtual; trata-se de um ajudante/agente cibernético guiado por um *software* para auxiliar nas mais diferentes funções, como já mencionamos, até mesmo colaborar na preparação de uma palestra para um professor, por exemplo, o que parecia inconcebível até então, mas, não temos dúvida, desejável, como evidenciado na literatura ficcional e no compasso da digitalização do mundo globalizado. A Figura 6.3 traz um trecho da apresentação em vídeo do protótipo desse novo aparelho.

Figura 6.3 – O protótipo de Sculley

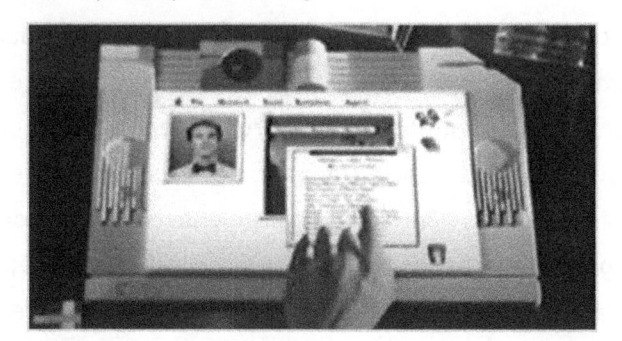

Fonte: Apple..., 2021.

O computador do futuro, todavia, nunca chegou às lojas, mas seu desenho e sua função iniciais adiantaram algumas características do presente, em especial, quando nos voltamos ao fenômeno da mobilidade baseada em interfaces clicáveis, interativas e falantes, como é o caso dos agentes de IA que estão por toda parte: do *smartphone* ao carro conectável, do calçado com etiquetas de radiofrequência (RFID) para monitorar o usuário aos ambientes em que se "conversa" e se "interage" com ciborgues por intermédio de sistemas de automação, como se tem visto em casas inteligentes cujos donos relacionam-se com uma presença cibernética a qualquer hora do dia.

Nessa eloquente caminhada rumo ao futuro, retomamos Negroponte (1995) justamente para enfatizar que esse cenário não é novo. Em 1995, o professor do Massachusetts Institute Technology (MIT) já concebia a invenção do The Knowledge Navigator como um artefato admirável, um marco dali em diante na construção de outras interfaces que potencializariam a relação homem-máquina. Uma interface ubíqua, inteligente, em rede, diluída, quase invisível.

The Knowledge Navigator mostra o dispositivo semelhante a um livro fino, aberto sobre a mesa de um professor de hábitos informais. Num canto de sua tela encontra-se uma pessoa vestindo gravata-borboleta: a persona da máquina. Quando o professor pede a esse agente que o ajude a preparar uma palestra, passa-lhe de um punhado de tarefas e, uma ou duas vezes, é lembrado de outros assuntos. O agente poder ver, ouvir, e é capaz de responder de forma inteligente, como qualquer assistente humano. É nisso que reside o segredo do projeto de uma interface: fazer ela desaparecer. Quando somos apresentados a alguém podemos prestar grande atenção em sua aparência, em suas palavras e em seus gestos. Logo, porém, o conteúdo da comunicação passa a predominar, ainda que ele seja em grande medida expresso pelo tom de voz ou com auxílio da linguagem das expressões faciais. Uma boa interface de computador deveria comportar-se de modo semelhante. Trata-se menos de desenhar um painel com instrumentos do que desenhar um ser humano. (Negroponte, 1995, p. 85)

Embora discordem e tenham opiniões conflitantes em muitos pontos, Sculley, Baudrillard e Negroponte reúnem algumas das principais noções sobre virtualidade no futuro – e, ao que tudo indica, essas constatações já podem ser vividas. O primeiro visiona a prospecção de um possível mercado emergente; o segundo tece críticas à perda da apreensão do real e à realidade simulada/projetada, na construção de sujeitos robóticos e padronizados em suas subjetividades avatarizadas; e o terceiro mira as novas capacidades e habilidades que humanos e objetos têm. Em níveis talvez não tão literais, os três estavam no caminho certo, entre perdas e ganhos. Um exemplo disso, como procuramos evidenciar até aqui, é que estamos diante da virada da era das máquinas programadas e autônomas para a das máquinas autônomas e inteligentes. Apesar de 95% dos robôs do mundo estarem associados a braços mecânicos fabris, segundo a Federação Internacional de Robótica (Godinho, 2018), organização não governamental (ONG) sueca que reúne centros de pesquisa e empresas de 20 países, uma série de indicadores aponta que esse percentual cairá drasticamente na próxima década e que se elevará o número de robôs que imitam o comportamento dos humanos e se colocam no mundo com corpos copiados dos homens.

6.4
Cópias, avatares e máquinas que são nossa imagem

Como enfatiza um dos principais cientistas da robótica, Kurzweil (2007), em seu pioneiro livro sobre robôs inteligentes e futuro das interfaces, *A era das máquinas espirituais* (1987), falta muito pouco para que os computadores possam assumir um novo protagonismo na humanidade digital. O avanço da IA, da internet das coisas (IoT), da computação ubíqua mostra que caminhamos, definitivamente, para uma época em que as máquinas se parecerão conosco ou se passarão por nós. A própria explosão dos assistentes virtuais e de seus usos acionados por comandos de voz prenuncia esse panorama.

Quando Kurzweil escreveu seu livro, no final da década de 1980, sequer se discutia o fenômeno da mobilidade e da comunicação em rede. No entanto, ele já antevia uma agência cibernética autônoma: "Suponha, agora, que a mensagem não seja programada explicitamente, mas seja produzida por um programa de jogos que contenha um modelo complexo de sua própria situação. A mensagem específica pode nunca ter sido prevista pelos criadores humanos do programa" (Kurzweil, 2007 [1987], p. 12). O autor adiciona um passo em direção à construção de uma inteligência cibernética que possa se desenvolver; uma rede neural artificial que responda às vivências e reestruture-se, como funciona, de fato, o ramo do aprendizado da máquina, expandindo-se e originando novos comportamentos. E continua suas conjecturas:

> Agora, suponha que os mecanismos por trás da mensagem cresçam até se tornarem uma maciça rede neural, construída a partir de silício, mas com base em uma Engenharia reversa do cérebro humano. Suponha que desenvolvamos um protocolo de aprendizado para que esta rede neural que o habilita aprenda a linguagem humana e modele o conhecimento humano. Seus circuitos são um milhão de vezes mais rápidos

que os neurônios humanos, então ela tem muito tempo para ler toda a literatura humana e desenvolver suas próprias concepções de realidade. Seus criadores não lhe dizem como reagir ao mundo. Suponha, agora, que ela diga: "Estou me sentindo só...". (Kurzweil, 2007 [1987], p. 17)

Essa projeção, apesar de inexistente, parece estar muito perto de se materializar. Quando, em 2018, o Google apresentou a ferramenta Duplex, associada ao Google Assistente, a IA da companhia, ficou mais evidente e preocupante a questão de simulação/simulacro. Pela nova tecnologia, a IA pode ser personalizada e usada para realizar agendamentos, marcações e alimentar a agenda do usuário. A invenção simula, de forma idêntica, a voz humana, trazendo para a interlocução elementos como vírgulas, interjeições e entonações ao longo de uma conversa, e foi criada sob o argumento de que, enquanto nós, humanos, realizamos tarefas mais importantes, o Duplex pode assumir parte de nossas iniciativas e de nossas vidas, como ligar para marcar um horário com o médico ou reservar um restaurante. Para tanto, como demonstra a Figura 6.4, o sistema capta o pedido do usuário, repassa-o à IA e, por fim, adapta a mensagem à ferramenta de conversação.

Figura 6.4 – Fluxos informacionais do Google Duplex

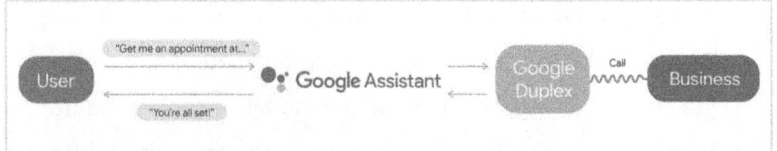

Fonte: Leviathan; Matias, 2018.

Sobre a ferramenta, Yaniv Leviathan e Yossi Matias (2018, tradução nossa), engenheiros da corporação, esclarecem:

> O sistema Google Duplex é capaz de realizar conversas sofisticadas e completa a maioria de suas tarefas de forma totalmente autônoma, sem envolvimento humano. O sistema possui um recurso de automonitoramento, que permite reconhecer as tarefas que não podem ser concluídas autonomamente (por exemplo, agendar um compromisso incomumente complexo). Nesses casos, sinaliza para um operador humano, que pode completar a tarefa.
>
> Para treinar o sistema em um novo domínio, usamos o treinamento supervisionado em tempo real. Isso é comparável às práticas de treinamento de muitas disciplinas, em que um instrutor supervisiona um aluno enquanto ele está fazendo seu trabalho, fornecendo orientação conforme necessário e certificando-se de que a tarefa seja executada no nível de qualidade do instrutor. No sistema Duplex, os operadores experientes atuam como instrutores. Ao monitorarem o sistema enquanto ele faz chamadas telefônicas em um novo domínio, podem afetar seu comportamento em tempo real, conforme necessário. Isso continua até que o sistema funcione no nível de qualidade desejado, ponto no qual a supervisão é interrompida e o sistema pode fazer chamadas de forma autônoma.[4]

---

4 No *blog* de IA da Google, é possível acompanhar novidades, participar de fóruns de IA e debater questões ligadas à ferramenta, ao avanço dessa tecnologia, e propor soluções. Confira: GOOGLE AI BLOG. Disponível em: <https://ai.googleblog.com>. Acesso em: 7 jun. 2020.

Vale transcrevermos, neste ponto, o diálogo entre o Duplex e um atendente, interação que causou furor em escala global:

> Atendente: Bom dia! Como posso ajudá-lo?
> Duplex: Olá! Estou telefonando para marcar um corte de cabelo para uma cliente. Estava pensando em marcar para o dia 3 de maio.
> A.: Claro, dê-me só um segundo.
> D.: Mm-hmm.
> A.: A que horas queria marcar?
> D.: Às 12h.
> A.: Esse horário não está disponível. O mais próximo que temos livre é às 13h15.
> D.: Tem alguma disponibilidade entre 10h e 12h?
> A.: Depende do serviço que ela pretende fazer. Que tipo de serviço ela pretende?
> D.: Apenas um corte de cabelo.
> A.: Ok! Temos disponibilidade às 10h.
> D.: 10h está perfeito.
> A.: Ok! Qual é o seu primeiro nome?
> D.: O primeiro nome é Lisa.
> A.: Ok! Perfeito! Atenderei Lisa no dia 3 de maio, às 10h.
> D.: Ok! Ótimo. Muito obrigado.

Fonte: Leviathan; Matias, 2018, tradução nossa.

Para que o Duplex empreenda interações como essa, como é possível perceber na Figura 6.5, diversos sistemas são integrados:

o som recebido é processado por um sistema de reconhecimento automático de fala (ASR); o texto produzido é analisado com base em dados contextuais e outras entradas para construir uma resposta, a qual é, então, "lida" em voz alta por intermédio da combinação entre um motor concatenativo de texto para fala (TTS) e um mecanismo de síntese, que intercala entonação, dependendo da circunstância.

Figura 6.5 – Integração entre diferentes sistemas no Google Duplex

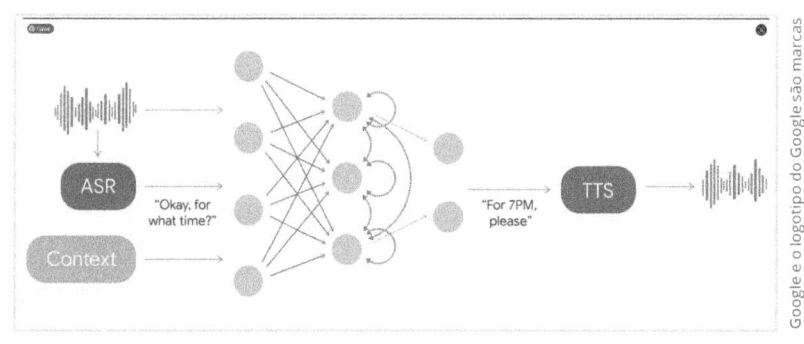

Fonte: Leviathan; Matias, 2018.

Executada diante de jornalistas, comunicadores, cientistas e profissionais das áreas de TI e ciência da computação durante a conferência anual da empresa, na I/O Google '18, a exibição em tempo real da referida tecnologia teve ampla reverberação (Mognon, 2019).

Ao longo da exposição inicial do Duplex, o CEO da Google afirmou o que a literatura vem refletindo e criticando nas últimas três décadas dedicadas a compreender os impactos de uma tecnologia ubíqua e que responda pela própria humanidade, sob o viés da totalização da vida digital. Segundo Barcelos e Paulino (2019, p. 2),

Sundar Pichai assegurou [...] que a tecnologia praticamente reúne todos os investimentos que a empresa já fez desde que decidiu apostar em Inteligência Artificial como um dos carros-chefe dos serviços de informação. Nessa estratégia, está o aperfeiçoamento da capacidade das máquinas lidarem com linguagem, de terem condições de aprendizagem profunda *(deep learning)* e velocidade de discurso.

Com a abrangência de uma comunicação quase indistinguível – sendo ciborgue automatizado ou ser humano –, diálogos como o apresentado anteriormente deverão ser comuns na sociedade hiperconectada. Como já apontado, resta saber em que medida nossas habilidades como humanos serão testadas e diferenciadas dessas máquinas que nos fazem crer que são pensantes e inteligentes – para que não nos deixemos confundir com algo que não queremos nos tornar. Não por completo. Não, talvez, sem sequer termos a consciência ou o despreocupado entendimento de que não haverá conflitos éticos, afetivos, comerciais e, principalmente, referentes à nossa própria autoimagem diante das máquinas que se tornaram um pouco de nós.

Síntese

Neste capítulo, discutimos os impactos das novas tecnologias na sociedade, mostrando a evolução da relação homem-máquina, seu passado, seu presente e suas potencialidades futuras. Ademais, evidenciamos a complexidade da IA como realidade nas mais cotidianas interfaces e examinamos as perspectivas do tecnorrealismo, da robotização e da IoT nos estudos da cibercultura.

Questões para revisão

1. Publicado em 1985 pela filósofa e bióloga norte-americana Donna Haraway, o *Manifesto ciborgue* enfoca os processos de entrelaçamento entre homem e máquina. Nesse sentido, percebem-se cada vez mais impactos no que se considera a natureza humana; logo, o contato com os sistemas tecnológicos transforma tanto a realidade social como um todo quanto a dimensão individual.

   Quando Haraway fala de ciborgues, podemos considerar que se refere:

   a) a máquinas com identidade própria, uma ameaça à existência humana.
   b) à junção de tecnologias analógicas (antigas) às digitais (novas).
   c) a indivíduos com próteses restaurativas.
   d) ao mundo da ficção científica, já que, embora cientificamente possível, o ciborgue pertence a ele.
   e) ao fato de a constituição dos ciborgues só ser possível em razão da existência da IA.

2. Ao tecer críticas ao endeusamento da tecnologia cibernética, à comunicação em rede e à padronização digital sobre o que

O homem quer ser máquina. Mas e a máquina, quer ser homem? Uma fascinante (e perigosa) jornada na era dos robôs

se poderia absorver como "real", Baudrillard afirma que este se configuraria como um simulacro, uma dimensão simulada do que os indivíduos um dia foram e as maneiras pelas quais viveram.

Sobre isso, considere as seguintes afirmações:

I) A realidade pode ser moldada pela junção harmoniosa de tecnologia e subjetividade, proporcionando uma nova era de felicidade à espécie humana.

II) A realidade concreta é atingida pela junção de *bits* e subjetividades, tornando inexistente a dimensão da representação.

III) As novas formas de viver e apreender a realidade são efetivadas por experiências interativas, cuja conformação é decorrente de processos de simulação de caráter digital.

Está correto o que se afirma em:

a) I, apenas.
b) I e II, apenas.
c) I e III, apenas.
d) III, apenas.
e) Nenhuma das alternativa anteriores.

3. Ao analisarem os processos de digitalização da sociedade e suas consequências, Sculley, Baudrillard e Negroponte indicam elementos importantes para a compreensão da virtualização em dimensão futura. Acerca dos trabalhos desses três teóricos, é correto afirmar:

a) Baudrillard critica a ideia de matrix, entendendo-a como uma falácia dos tecnofóbicos.
b) Em 1987, no livro *Odissey*, Sculley projetou um dispositivo com acesso a banco de dados via rede hipertextual.
c) Negroponte traduz a angústia da geração de teóricos ao sustentar o conceito de simulacro.
d) Sculley introduziu no mercado o chamado *"computador do futuro"*, gerando forte impacto no cenário da tecnologia.
e) Baudrillard e Negroponte convergem ao considerar que a IA representa o triunfo do homem pós-moderno na sociedade.

4. De acordo com o *Manifesto ciborgue*, os indivíduos jamais voltarão a ser "puros" novamente. O que sua autora quis dizer com essa afirmação?

5. Por que Kurzweil (2007) considera que a tecnologia está próxima de assumir uma posição de protagonismo no contexto da humanidade digital?

Questão para reflexão

1. Neste capítulo, tratamos de diversas temáticas relacionadas ao acelerado e complexo desenvolvimento de tecnologias como a IA, que acabam por desafiar as próprias fronteiras do que é, de fato, "pensar". Com base nessas discussões, responda: Como poderia ser a IA definitiva, que borraria (ou borrará?) as diferenças entre a mente humana e a eletrônico-digital? Como seria esse tipo de dimensão cognitiva?

Considerações finais

Há quase 40 anos, nas décadas finais do século XX, o leque de potencialidades propiciado pelas transformações tecnológicas atravessou a sociedade toda com um novo paradigma referente à experiência em processos comunicacionais. Nesta obra, partindo das distintas abordagens propostas pelos pesquisadores-autores, percorremos (e refletimos sobre) essa travessia de desenvolvimentos, fenômenos e usos da tecnologia no tecido social – a revolução digital cibercultural.

Para compreendermos as dimensões da cibercultura, voltamos ao início, explicando a origem das teorias e suas complexidades, do conceito de informação ao processo de *big data*, em uma perspectiva crítica. Discutimos a criação de conteúdos na *web*, que nos aproxima da experiência prática dessa revolução tecnológica e nos afeta no cotidiano via *blogs* e cultura remix. Nesses atravessamentos, fez-se necessário entendermos a articulação em rede por meio das mobilizações nas mídias digitais e como essas conexões propiciadas pela tecnologia transformam o sentido de comunidade e a esfera pública. Com tantos novos processos, potencialidades, apropriações e sentidos, apontamos que a cultura de fãs, suas práticas e as aproximações com as indústrias culturais também têm ganhado espaço e relevância para o estudo e a análise do contexto midiático.

Ademais, vimos que, a partir da ascensão cibercultural, a reflexão acerca das novas lógicas comunicativas implica discutir a construção de uma literacia da mídia, bem como problematizar possíveis interferências no sistema democrático. Ao fim desta obra, chegamos a uma fronteira de potencialidades e possibilidades da revolução cibercultural, com o impacto da inteligência artificial e a evolução das relações homem-máquina.

É possível que muitos dos leitores deste livro sejam nativos digitais: nasceram e cresceram percebendo a linguagem e o universo digital como uma realidade, e não como uma descoberta, um novo aprendizado. Porém, como enfatizamos ao longo das reflexões aqui propostas, a transformação tecnológica é uma constante. Aprender sobre as origens históricas, os conceitos, os contextos e as teorias da cibercultura possibilita o desenvolvimento de competências e habilidades para compreendermos os processos comunicacionais digitais não apenas como espectadores, mas como protagonistas, sujeitos e agentes de nosso tempo.

Referências

ADAMS, D. **O guia do mochileiro das galáxias**. Tradução de Carlos Irineu da Costa e Paulo Henriques Britto. Rio de Janeiro: Sextante, 2004.

ALAN TURING. In: **Wikipédia, a enciclopédia livre**. 8 fev. 2019. Disponível em: <https://pt.wikipedia.org/w/index.php?title=Alan_Turing&oldid=54251970>. Acesso em: 20 fev. 2019.

ALVERMANN, D. E.; HAGOOD, M. C. Fandom and Critical Media Literacy. **Journal of Adolescent & Adult Literacy**, v. 43, n. 5, p. 436-446, Feb. 2000. Disponível em: <https://www.researchgate.net/profile/Donna_Alvermann2/publication/277667002_Fandom_and_Critical_Media_Literacy/links/556fd41408aec226830ab87b/Fandom-and-Critical-Media-Literacy.pdf>. Acesso em: 19 out. 2020.

AMARAL, A.; SOUZA, R. V.; MONTEIRO, C. "De Westeros no #vemprarua à shippagem do beijo gay na TV brasileira": ativismo de fãs – conceitos, resistências e práticas na cultura digital. **Galáxia**, São Paulo, n. 29, p. 141-154, jun. 2015. Disponível em: <https://www.scielo.br/pdf/gal/n29/1982-2553-gal-29-0141.pdf>. Acesso em: 19 out. 2020.

ANDERSON, C. **A cauda longa**: do mercado de massa para o mercado de nicho. Tradução de Afonso Celso da Cunha Serra. Rio de Janeiro: Elsevier, 2006.

APPLE Knowledge Navigator Video (1987). **Mac History**. Disponível em: <https://www.youtube.com/watch?v=umJsITGzXd0&t=196s>. Acesso em: 12 abr. 2021.

ARAÚJO, R. de P. A.; PENTEADO, C. L. C.; SANTOS, M. B. P. dos. Democracia digital e experiências de e-participação: webativismo e políticas públicas. **História, Ciência, Saúde**, Manguinhos, v. 22, p. 1597-1619, dez. 2015. Disponível em: <https://www.scielo.br/scielo.php?pid=S0104-59702015001001597&script=sci_abstract&tlng=pt>. Acesso em : 1º mar. 2021.

ARDÈVOL, E.; CORNELIO, G. M. "Si quieres vernos en acción: YouTube.com": prácticas mediáticas y autoproducción en internet. **Revista Chilena de Antropología Visual**, Santiago, n. 10, p. 1-29, dic. 2007. Disponível em: <http://www.rchav.cl/imagenes10/imprimir/ardevol_&_san_cornelio.pdf>. Acesso em: 17 fev. 2021.

ASIMOV, I. **Eu, robô**. Tradução de Aline Storto Pereira. São Paulo: Aleph, 2015.

ATENTADOS de 11 de setembro. **Memória Globo**. Disponível em: <https://memoriaglobo.globo.com/jornalismo/coberturas/atentados-de-11-de-setembro/>. Acesso em: 1º mar. 2021.

BAIHUI, S.; FENGJIE, L. The Analysis of Anti-Language from the Perspective of Current Situation of Netspeak. **International Journal of Language and Linguistics**, v. 5, n. 2, p. 50-56, Apr. 2017. Disponível em: <http://article.sciencepublishinggroup.com/pdf/10.11648.j.ijll.20170502.14.pdf>. Acesso em: 19 out. 2020.

BARCELOS, M.; PAULINO, R. de. C. O futuro do jornalismo robótico: ensaio prospectivo com uso do Google Duplex para apuração jornalística. In: SIMPÓSIO NACIONAL DA ABCIBER, 12., 2019, Porto Alegre. Disponível em: <https://www.abciber2019.sinteseeventos.com.br/arquivo/downloadpublic?q=YToyOntzOjY6InBhcmFtcyI7czozNDoiYToxOntzOjEwOiJJRF9BUIFVSVZPIjtzOjM6IjIxMCI7fSI7czoxOiJoIjtzOjMyOiI4OTdmOTcwZjQ2MDg3YTNkODcwMzM1OGRiMWQ0ODA5OSI7fQ%3D%3D>. Acesso em: 19 out. 2020.

BASTOS, M. Remix como polifonia e agenciamentos coletivos. In: MARTINS, C. D.; SILVA, D. C. e; MOTTA, R. (Org.). **Territórios recombinantes**: arte e tecnologia, debates e laboratórios. São Paulo: Imprensa Oficial do Estado de São Paulo, 2007. p. 27-34.

BAUDRILLARD, J. **Tela total**: mito-ironias do virtual e da imagem. Tradução de Juremir Machado da Silva. 4. ed. Porto Alegre: Sulina, 2005.

BAUER, T. A. O valor público da Media Literacy. **Líbero**, São Paulo, v. 14, n. 27, p. 9-22, jun. 2011. Disponível em: <http://seer.casperlibero.edu.br/index.php/libero/article/view/356/330>. Acesso em: 19 out. 2020.

BELOCHIO, V. de C. **Jornalismo colaborativo em redes digitais**: estratégia comunicacional no ciberespaço – o caso de Zero Hora.com. 215 f. Dissertação (Mestrado em Comunicação) – Universidade Federal de Santa Maria, Santa Maria, 2009. Disponível em: <https://repositorio.ufsm.br/bitstream/handle/1/6289/VIVIANDECARVALHOBELOCHIO.pdf?sequence=1&isAllowed=y>. Acesso em: 19 out. 2020.

BIELBY, D.; HARRINGTON, C. L. Global Fandom/Global Fan Studies. In: HARRINGTON, C. L.; GRAY, J.; SANDVOSS, C. (Ed.). **Fandom**: Identities and Communities in a Mediated World. New York: New York University Press, 2007. p. 179-197.

BISCHOF, Z. S.; RULA, J. P.; BUSTAMANTE, F. E. In and Out of Cuba: Characterizing Cuba's Connectivity. In: ASSOCIATION FOR COMPUTING MACHINERY CONFERENCE ON INTERNET MEASUREMENT CONFERENCE, 2015, Tokyo.

BITTENCOURT, M. **O príncipe digital**. Curitiba: Appris, 2016.

BLOOD, R. **Weblogs**: a History and Perspective. 7 Sept. 2000. Disponível em: <http://www.rebeccablood.net/essays/weblog_history.html>. Acesso em: 19 out. 2020.

BLOOD, R. Weblogs and Journalism: Do They Connect? **Nieman Reports**, v. 57, n. 3, p. 61-63, Sept. 2003. Disponível em: <http://uu.rowacreative.com/wp-content/weblogandjournalism.pdf>. Acesso em: 19 out. 2020.

BOLAÑO, C. R. S.; BRITTOS, V. C. **A televisão brasileira na era digital**: exclusão, esfera pública e movimentos estruturantes. São Paulo: Paulus, 2007.

BOLTER, J. D.; GRUSIN, R. **Remediation**: Understanding New Media. Massachusetts: MIT Press, 2002.

BOOTH, P. **Digital Fandom 2.0**: New Media Studies. 2. ed. New York: Peter Lang, 2017. (Digital Formations Series, v. 114).

BOOTH, P. **Playing Fans**: Negotiating Fandom and Media in the Digital Age. Iowa: University of Iowa Press, 2015.

BRAGA, J. L. Sobre "mediatização" como processo interacional de referência. In: ENCONTRO ANUAL DA ASSOCIAÇÃO NACIONAL DOS PROGRAMAS DE PÓS-GRADUAÇÃO EM COMUNICAÇÃO – COMPÓS, 15., 2006, Bauru. Disponível em: <http://www.compos.org.br/data/biblioteca_446.pdf>. Acesso em: 19 out. 2020.

BRASIL. Lei Complementar n. 131, de 27 de maio de 2009. **Diário Oficial da União**, Poder Legislativo, Brasília, DF, 28 maio 2009. Disponível em: <http://www.planalto.gov.br/ccivil_03/leis/lcp/lcp131.htm>. Acesso em: 7 dez. 2020.

BRASIL. Lei n. 12.965, de 23 de abril de 2014. **Diário Oficial da União**, Poder Legislativo, Brasília, DF, 24 abr. 2014. Disponível em: <http://www.planalto.gov.br/ccivil_03/_ato2011-2014/2014/lei/l12965.htm>. Acesso em: 4 dez. 2020.

BRITES, M. J.; AMARAL, I.; CATARINO, F. A era das "fake news": o digital storytelling como promotor do pensamento crítico. **Journal of Digital Media & Interaction**, v. 1, n. 1, p. 85-98, 2018. Disponível em: <https://proa.ua.pt/index.php/jdmi/article/download/928/760/>. Acesso em: 4 dez. 2020.

BRUNS, A. **Blogs, Wikipedia, Second Life, and Beyond**: from Production to Produsage. New York: Peter Lang, 2008.

BRUNS, A. **Gatewatching**: Collaborative Online Production. New York: Peter Lang, 2005. (Digital Formations Series, v. 26).

CARLOS, G. S. **O(s) fã(s) da cultura pop japonesa e a prática de scanlation no Brasil**. 196 f. Dissertação (Mestrado em Comunicação e Linguagens) – Universidade Tuiuti do Paraná, Curitiba, 2011. Disponível em: <https://www.academia.edu/1181174/O_s_f%C3%A3_s_da_cultura_pop_japonesa_e_a_pr%C3%A1tica_de_scanlation_no_Brasil>. Acesso em: 19 out. 2020.

CARTOON NETWORK. **O que é o #cnfanart?** Disponível em: <https://www.cnfanart.com/br/?pg=sobre>. Acesso em: 12 nov. 2020.

CASALI, C.; BONITO, M. Telégrafo, televisão e Twitter: da alteração de percepção em McLuhan ao processo de midiatização. **E-compós**, Brasília, v. 14, n. 3, p. 1-12, set./dez. 2011. Disponível em: <https://www.e-compos.org.br/e-compos/article/view/697/542>. Acesso em: 19 out. 2020.

CASTELLS, M. **A galáxia da internet**: reflexões sobre a internet, os negócios e a sociedade. Tradução de Maria Luiza X. de A. Borges. Rio de Janeiro: Zahar, 2005a.

CASTELLS, M. **A sociedade em rede**. Tradução de Roneide Venâncio Majer. 6. ed. São Paulo: Paz e Terra, 1999. (Série A Era da Informação: Economia, Sociedade e Cultura, v. 1).

CASTELLS, M. A sociedade em rede: do conhecimento à política. In: CASTELLS, M.; CARDOSO, G. (Org.). **A sociedade em rede**: do conhecimento à ação política. Lisboa: Imprensa Nacional, 2005b. p. 17-30.

CASTELLS, M. **Redes de indignação e esperança**: movimentos sociais na era da internet. Tradução de Carlos Alberto Medeiros. Rio de Janeiro: Zahar, 2014.

CASTELLS, M. **Redes de indignação e esperança**: movimentos sociais na era da internet. Tradução de Carlos Alberto Medeiros. Rio de Janeiro: Zahar, 2015.

CAVICCHI, D. Loving Music: Listeners, Entertainments, and the Origins of Music Fandom in Nineteenth-Century America. In: HARRINGTON, C. L.; GRAY, J.; SANDVOSS, C. (Ed.). **Fandom**: Identities and Communities in a Mediated World. New York: New York University Press, 2007. p. 235-249.

CLAUDE SHANNON. In: **Wikipédia, a enciclopédia livre**. 23 out. 2020. Disponível em: <https://pt.wikipedia.org/w/index.php?title=Claude_Shannon&oldid=59649768>. Acesso em: 23 out. 2020.

CORREIA, J. C. Netativismo e indignação na esfera pública. **Revista Mídia e Cotidiano**, n. 9, p. 5-19, ago. 2016. Disponível em: <https://periodicos.uff.br/midiaecotidiano/article/view/9778/6907>. Acesso em: 17 fev. 2021.

COSTA, S. M. da. Fanfiction em tempo real no Twitter: a utilização da rede social no processo de produção participativa sobre a Copa do Mundo 2014. In: CONFERÊNCIA BRASILEIRA DE MÍDIA CIDADÃ, 10.; CONFERÊNCIA SUL-AMERICANA DE MÍDIA CIDADÃ, 5., 2015, Bauru. Disponível em: <https://www.faac.unesp.br/Home/Departamentos/ComunicacaoSocial/midiacidada/dt1-2.pdf>. Acesso em: 17 fev. 2021.

CURI, P. P. **Luz, câmera e a ação dos fãs**: fan films e produção cultural. 73 f. Trabalho de Conclusão de Curso (Graduação em Comunicação Social) – Universidade Federal do Rio de Janeiro, Rio de Janeiro, 2005. Disponível em: <https://pantheon.ufrj.br/bitstream/11422/1344/1/PCuri.pdf>. Acesso em: 19 out. 2020.

DELEUZE, G.; GUATTARI, F. **Mille plateaux**: capitalisme et schizophrénie 2. Paris: Minuit, 1980. (Collection Critique).

DOMINIQUE WOLTON. In: **Wikipédia, a enciclopédia livre**. 14 mar. 2018. Disponível em: <https://pt.wikipedia.org/w/index.php?title=Dominique_Wolton&oldid=51515599>. Acesso em: 28 fev. 2019.

DUARTE, L. **Futurista do Google prevê que, em 11 anos, robôs alcançam inteligência humana**. 14 mar. 2018. Disponível em: <https://www.coletiva.net/sxsw-2018/futurista-do-google-preve-que-em-11-anos-robos-alcancam-inteligencia-humana,270201.jhtml>. Acesso em: 1º mar. 2021.

ECO, U. **Apocalípticos e integrados**. Tradução de Pérola de Carvalho. 7. ed. São Paulo: Perspectiva, 2011. (Coleção Debates, v. 19).

EDGAR, A.; SEDGWICK, P. **Teoria cultural de A a Z**: conceitos-chave para entender o mundo contemporâneo. Tradução de Marcelo Rollemberg. São Paulo: Contexto, 2003.

ESCOSTEGUY, A. C. Narrativas pessoais midiatizadas: uma proposta para o estudo de práticas orientadas pela mídia. **Revista Famecos**, Porto Alegre, v. 18, n. 1, p. 198-211, jan./abr. 2011. Disponível em: <https://revistaseletronicas.pucrs.br/ojs/index.php/revistafamecos/article/view/8806/6170>. Acesso em: 19 out. 2020.

EUA espionaram Petrobras, dizem papéis vazados por Snowden. **BBC News**, 8 set. 2013. Disponível em: <https://www.bbc.com/portuguese/noticias/2013/09/130908_eua_snowden_petrobras_dilma_mm>. Acesso em: 7 jun. 2020.

EUA grampearam Dilma, ex-ministros e avião presidencial, revela WikiLeaks. **G1**, 4 jul. 2015. Disponível em: <http://g1.globo.com/politica/noticia/2015/07/lista-revela-29-integrantes-do-governo-dilma-espionados-pelos-eua.html>. Acesso em: 7 jun. 2020.

FAUSTO NETO, A. Midiatização, prática social: prática de sentido. In: ENCONTRO ANUAL DA ASSOCIAÇÃO NACIONAL DOS PROGRAMAS DE PÓS-GRADUAÇÃO EM COMUNICAÇÃO – COMPÓS, 15., 2006, Bauru. Disponível em: <http://www.compos.org.br/data/biblioteca_544.pdf>. Acesso em: 19 out. 2020.

FELINTO, E. Cibercultura: ascensão e declínio de uma palavra quase mágica. **E-compós**, Brasília, v. 14, n. 1, p. 1-14, jan./abr. 2011. Disponível em: <http://www.e-compos.org.br/e-compos/article/view/548/511>. Acesso em: 7 jun. 2020.

FILME feito por fãs de 'Harry Potter' conta a origem de Voldemort. **Revista Galileu**, 17 jan. 2018. Disponível em: <https://revistagalileu.globo.com/Cultura/noticia/2018/01/filme-feito-por-fas-de-harry-potter-conta-origem-de-voldemort.html>. Acesso em: 7 jun. 2020.

FISKE, J. The Cultural Economy of Fandom. In: LEWIS, L. A. (Ed.). **The Adoring Audience**: Fan Culture and Popular Media. New York: Routledge, 1992. p. 30-49.

FRAGOSO, S.; RECUERO, R.; AMARAL, A. **Métodos de pesquisa para internet**. Porto Alegre: Sulina, 2011. (Coleção Cibercultura).

GEORGE BOOLE. In: **Wikipédia, a enciclopédia livre**. 20 out. 2018. Disponível em: <https://pt.wikipedia.org/w/index.php?title=George_Boole&oldid=53413826>. Acesso em: 19 fev. 2019.

GIBSON, W. **Neuromancer**. Tradução de Fábio Fernandes. São Paulo: Aleph, 2015.

GODINHO, R. D. Qual é o robô mais avançado? **Revista Superinteressante**, 4 jul. 2018. Disponível em: <https://super.abril.com.br/mundo-estranho/qual-e-o-robo-mais-avancado/>. Acesso em: 1º mar. 2021.

GOMES, W. A democracia digital e o problema da participação civil na decisão política. In: ENCONTRO ANUAL DA ASSOCIAÇÃO NACIONAL DOS PROGRAMAS DE PÓS-GRADUAÇÃO EM COMUNICAÇÃO – COMPÓS, 14., 2005, Niterói. Disponível em: <http://www.compos.org.br/data/biblioteca_695.pdf>. Acesso em: 17 fev. 2021.

GOMES, W. Internet e participação política. In: GOMES, W.; MAIA, R. C. M. **Comunicação e democracia**: problemas e perspectivas. São Paulo: Paulus, 2008. p. 293-326.

HABERMAS, J. **Direito e democracia**: entre facticidade e validade. Tradução de Flávio Beno Siebeneichler. Rio de Janeiro: Tempo Brasileiro, 1997. v. 2.

HABERMAS, J. **Mudança estrutural da esfera pública**: investigações quanto a uma categoria da sociedade burguesa. Tradução de Flávio R. Kothe. Rio de Janeiro: Tempo Brasileiro, 1984. (Série Estudos Alemães).

HALLIDAY, M. A. K. Anti-Languages. **American Anthropologist**, v. 78, n. 3, p. 570-584, Sept. 1976. Disponível em: <https://anthrosource.onlinelibrary.wiley.com/doi/epdf/10.1525/aa.1976.78.3.02a00050>. Acesso em: 19 out. 2020.

HARAWAY, D. J. Manifesto ciborgue: ciência, tecnologia e feminismo-socialista no final do século XX. In: TADEU, T. (Org.). **Antropologia do ciborgue**: as vertigens do pós-humano. Tradução de Tomaz Tadeu. 2. ed. Belo Horizonte: Autêntica, 2009. p. 33-118.

HARDIN, G. The Tragedy of the Commons. **Science**, v. 162, n. 3859, p. 1243-1248, Dec. 1968. Disponível em: <https://science.sciencemag.org/content/162/3859/1243/tab-pdf>. Acesso em: 19 out. 2020.

HAVEN, K. **As 100 maiores descobertas científicas de todos os tempos**. Tradução de Sérgio Viotti. Rio de Janeiro: Ediouro, 2008.

HENRIQUES, M. S.; BRAGA, C. S.; MAFRA, R. L. M. **Planejamento da comunicação para a mobilização social**: em busca da corresponsabilidade. In: CONGRESSO BRASILEIRO DE CIÊNCIAS DA COMUNICAÇÃO, 23., 2000, Manaus. Disponível em: <http://www.portcom.intercom.org.br/pdfs/8c92b3fe2872c4bf89ba9889e1593515.pdf>. Acesso em: 17 fev. 2021.

HILLS, M. **Fan Cultures**. New York: Routledge, 2002.

HINE, C. **Ethnography for the Internet**: Embedded, Embodied and Everyday. London: Bloomsbury, 2015.

HJARVARD, S. Da mediação à midiatização: a institucionalização das novas mídias. **Parágrafo**, v. 2, n. 3, p. 51-62, jul./dez. 2015. Tradução de Lívia Silva de Souza. Disponível em: <http://revistaseletronicas.fiamfaam.br/index.php/recicofi/article/download/331/339>. Acesso em: 3 dez. 2020.

HOMO HABILIS. In: **Wikipédia, a enciclopédia livre**. 23 out. 2020. Disponível em: <https://pt.wikipedia.org/w/index.php?title=Homo_habilis&oldid=59649642>. Acesso em: 23 out. 2020.

HUXLEY, A. **Admirável mundo novo**. Tradução de Lino Vallandro e Vidal Serrano. 21. ed. São Paulo: Globo, 2001.

INDÚSTRIA de jogos é mais rentável do que as de cinema e música juntas: veja comparação. **F5 Nerdices**, 24 jun. 2020. Disponível em: <https://f5.folha.uol.com.br/nerdices/2020/06/industria-de-jogos-e-mais-rentavel-do-que-as-de-cinema-e-musica-juntas-veja-comparacao.shtml>. Acesso em: 1º mar. 2021.

ISAAC ASIMOV. In: **Wikipédia, a enciclopédia livre**. 21 out. 2020. Disponível em: <https://pt.wikipedia.org/w/index.php?title=Isaac_Asimov&oldid=59635059>. Acesso em: 7 dez. 2020.

JENKINS, H. **Cultura da convergência**. Tradução de Susana Alexandria. São Paulo: Aleph, 2008.

JENKINS, H. **Cultura da convergência**. Tradução de Susana Alexandria. 2. ed. atual. e ampl. São Paulo: Aleph, 2009.

JENKINS, H. **Invasores do texto**: fãs e cultura participativa. Tradução de Érico Assis. Nova Iguaçu: Marsupial, 2015.

JOHNSON, S. **Cultura da interface**: como o computador transforma nossa maneira de criar e comunicar. Tradução de Maria Luiza X. de A. Borges. Rio de Janeiro: J. Zahar, 2001.

JOHN VON NEUMANN. In: **Wikipédia, a enciclopédia livre**. 10 nov. 2018. Disponível em: <https://pt.wikipedia.org/w/index.php?title=John_von_Neumann&oldid=53559454>. Acesso em: 22 out. 2020.

KEEN, A. **O culto do amador**: como blogs, MySpace, YouTube e a pirataria digital estão destruindo nossa economia, cultura e valores. Tradução de Maria Luiza X. de A. Borges. Rio de Janeiro: J. Zahar, 2009.

KENSKI, V. M. **Educação e tecnologias**: o novo ritmo da informação. Campinas: Papirus, 2007.

KOLLOCK, P.; SMITH, M. Managing the Virtual Commons: Cooperation and Conflict in Computer Communities. In: HERRING, S. C. (Ed.). **Computer-Mediated Communication**: Linguistic, Social and Cross-Cultural Perspectives. Amsterdam: John Benjamins, 1996. p. 109-128.

KURZWEIL, R. **A era das máquinas espirituais**. Tradução de Fábio Fernandes. São Paulo: Aleph, 2007.

LATOUR, B. **Jamais fomos modernos**: ensaio de antropologia simétrica. Tradução de Carlos Irineu da Costa. Rio de Janeiro: Ed. 34, 1994.

LEÃO, L. O remix nos processos de criação de imagens e imaginários midiáticos. In: ENCONTRO ANUAL DA ASSOCIAÇÃO NACIONAL DOS PROGRAMAS DE PÓS-GRADUAÇÃO EM COMUNICAÇÃO – COMPÓS, 21., 2012, Juiz de Fora. Disponível em: <http://www.compos.org.br/data/biblioteca_1920.pdf>. Acesso em: 19 out. 2020.

LEIS DA ROBÓTICA. In: **Wikipédia, a enciclopédia livre**. 18 nov. 2020. Disponível em: <https://pt.wikipedia.org/wiki/Leis_da_Rob%C3%B3tica>. Acesso em: 18 nov. 2020.

LEMOS, A. A arte da vida: diários pessoais e webcams na internet. In: CONGRESSO ANUAL EM CIÊNCIA DA COMUNICAÇÃO, 2002, Salvador. **Anais**... Salvador: Intercom, 2002. Disponível em: <http://www.portcom.intercom.org.br/pdfs/37b5da563c6bc5ec6f2697de38bffd84.pdf>. Acesso em: 19 out. 2020.

LEMOS, A. **A comunicação das coisas**: teoria ator-rede e cibercultura. São Paulo: Annablume, 2014.

LEMOS, A. Apropriação, desvio e despesa improdutiva na cibercultura. **Revista Famecos**, Porto Alegre, v. 1, n. 15, p. 44-56, ago. 2001. Disponível em: <https://revistaseletronicas.pucrs.br/ojs/index.php/revistafamecos/article/download/3119/2392/0>. Acesso em: 19 out. 2020.

LEMOS, A. Cibercultura-Remix. In: SEMINÁRIO SENTIDOS E PROCESSOS, 2005, São Paulo. Disponível em: <http://www.facom.ufba.br/ciberpesquisa/andrelemos/remix.pdf>. Acesso em: 10 jul. 2012.

LEMOS, A. **Cibercultura**: tecnologia e vida social na cultura contemporânea. 2. ed. Porto Alegre: Sulinas, 2004. (Coleção Cibercultura).

LEMOS, A. **Cibercultura**: tecnologia e vida social na cultura contemporânea. 5. ed. Porto Alegre: Sulina, 2010. (Coleção Cibercultura).

LEMOS, A. **Ciberespaço e tecnologias móveis**: processos de territorialização e desterritorialização na cibercultura. In: ENCONTRO ANUAL DA ASSOCIAÇÃO NACIONAL DOS PROGRAMAS DE PÓS-GRADUAÇÃO EM COMUNICAÇÃO – COMPÓS, 15., 2006, Bauru. Disponível em: <http://www.compos.org.br/data/biblioteca_531.pdf>. Acesso em: 19 out. 2020.

LEMOS, A. Mídias locativas e vigilância: sujeito inseguro, bolhas digitais, paredes virtuais e territórios informacionais. In: SIMPÓSIO INTERNACIONAL VIGILÂNCIA, SEGURANÇA E CONTROLE SOCIAL NA AMÉRICA LATINA, 1., 2009, Curitiba. **Anais...** Disponível em: <https://www.academia.edu/1771493/M%C3%ADdias_locativas_e_vigil%C3%A2ncia_sujeito_inseguro_bolhas_digitais_paredes_virtuais_e_territ%C3%B3rios_informacionais>. Acesso em: 19 out. 2020.

LESSIG, L. **Remix**: Making Art and Commerce Thrive in the Hybrid Economy. London: Bloomsbury, 2008.

LEVIATHAN, Y.; MATIAS, Y. **Google Duplex**: an AI System for Accomplishing Real-World Tasks Over the Phone. 8 May 2018. Disponível em: <https://ai.googleblog.com/2018/05/duplex-ai-system-for-natural-conversation.html>. Acesso em: 7 jun. 2020.

LÉVY, P. **Cibercultura**. Tradução de Carlos Irineu da Costa. São Paulo: Ed. 34, 1999.

LYON, D. As apostas de Snowden: desafios para entendimento de vigilância hoje. **Ciência e Cultura**, São Paulo, v. 68, n. 1, jan./mar. 2016. Tradução de Marta Kanashiro. Disponível em: <http://cienciaecultura.bvs.br/pdf/cic/v68n1/v68n1a11.pdf>. Acesso em: 19 out. 2020.

LYON, D. Surveillance, Snowden, and Big Data: Capacities, Consequences, Critique. **Big Data & Society**, p. 1-13, July/Dec. 2014. Disponível em: <https://journals.sagepub.com/doi/pdf/10.1177/2053951714541861>. Acesso em: 3 dez. 2020.

MACHADO, E.; PALACIOS, M. (Org.). **Modelos de jornalismo digital**. Salvador: Calandra, 2003. (Coleção Pixel, v. 1).

MAIA, R. Democracia e a internet como esfera pública virtual: aproximação às condições da deliberação. In: GOMES, W.; MAIA, R. C. M. **Comunicação e democracia**: problemas e perspectivas. São Paulo: Paulus, 2008. p. 327-345.

MAIGRET, E. **Sociologia da comunicação e das mídias**. São Paulo: Senac, 2010.

MALINI, F.; ANTOUN, H. **A internet e a rua**: ciberativismo e mobilização nas redes sociais. Porto Alegre: Sulina, 2013.

MANOVICH, L. **The Language of New Media**. Massachusetts: MIT Press, 2001.

MARCONDES FILHO, C. Comunicação e ação política no contínuo mediático: Luhmann contra Habermas – e nós contra todos. **Revista Galáxia**, São Paulo, n. 15, p. 39-58, jun. 2008. Disponível em: <revistas.pucsp.br/index.php/galaxia/article/download/1494/966>. Acesso em: 7 jun. 2020.

MARTÍN-BARBERO, J. **Dos meios às mediações**: comunicação, cultura e hegemonia. Tradução de Ronald Polito e Sérgio Alcides. Rio de Janeiro: Ed. da UFRJ, 2003.

MARTIN HEIDEGGER. In: **Wikipédia, a enciclopédia livre**. 1º fev. 2019. Disponível em: <https://pt.wikipedia.org/w/index.php?title=martin_heidegger&oldid=54187896>. Acesso em: 22 out. 2020.

MARTINO, L. M. S. **Teoria das mídias digitais**: linguagens, ambientes e redes. 2. ed. Petrópolis: Vozes, 2014.

MATTELART, A. **História da sociedade da informação**. Tradução de Nicolás Nyimi Campanário. 2. ed. São Paulo: Loyola, 2002.

MATTELART, A.; MATTELART, M. **História das teorias da comunicação**. Tradução de Luiz Paulo Rouanet. 3. ed. São Paulo: Loyola, 1999.

MAURO, A. de; GRECO, M.; GRIMALDI, M. What is Big Data? A Consensual Definition and a Review of Key Research Topics. In: INTERNATIONAL CONFERENCE ON INTEGRATED INFORMATION, 4., 2014, Madrid. Disponível em: <https://www.researchgate.net/publication/265775800_What_is_Big_Data_A_Consensual_Definition_and_a_Review_of_Key_Research_Topics>. Acesso em: 19 out. 2020.

MCLUHAN, M. **Os meios de comunicação como extensões do homem**. Tradução de Décio Pignatari. 15. ed. São Paulo: Cultrix, 2007.

MIGUEL, L. F. O jornalismo como sistema perito. **Tempo Social**, São Paulo, v. 11, n. 1, p. 197-208, maio 1999. Disponível em: <https://www.scielo.br/pdf/ts/v11n1/v11n1a11.pdf>. Acesso em: 19 out. 2020.

MOGNON, M. Google lança a assustadora IA Duplex em smartphones Android e iOS. **Tecmundo**, 3 abr. 2019. Disponível em: <https://www.tecmundo.com.br/dispositivos-moveis/140100-google-lanca-assustadora-ia-duplex-smartphones-android-ios.htm>. Acesso em: 1º mar. 2021.

NEGROPONTE, N. **A vida digital**. Tradução de Sergio Tellaroli. São Paulo: Companhia das Letras, 1995.

NORBERT WIENER. In: **Wikipédia, a enciclopédia livre**. 18 out. 2017. Disponível em: <https://pt.wikipedia.org/w/index.php?title=Norbert_Wiener&oldid=50174755>. Acesso em: 28 fev. 2019.

OLIVEIRA, F. R. de. Ficção científica: uma narrativa da subjetividade homem-máquina. **Revista Contracampo**, n. 9, 2003. Disponível em: <https://periodicos.uff.br/contracampo/article/view/17364/11001>. Acesso em: 19 out. 2020.

O'REILLY, T. **What is Web 2.0?** 30 Sept. 2005. Disponível em: <http://www.oreillynet.com/pub/a/oreilly/tim/news/2005/09/30/what-is-web-20.html>. Acesso em: 7 jun. 2020.

ORWELL, G. **1984**. Tradução de Wilson Velloso. São Paulo: Companhia Editora Nacional, 2006.

PALACIOS, M. S. **Cotidiano e sociabilidade no cyberespaço**: apontamentos para discussão. 1995. Disponível em: <http://www.comunidadesvirtuais.pro.br/hipertexto/biblioteca/palacios.pdf>. Acesso em: 7 jun. 2020.

PENTLAND, A. A maior revolução em 300 anos. **Veja**, n. 2416, p. 17, 11 mar. 2015. Entrevista. Disponível em: <https://veja.abril.com.br/acervo/#/edition/32055?page=16&section=1>. Acesso em: 19 out. 2020.

PIMENTA, R. M. As rugosidades do ciberespaço: um contributo teórico aos estudos dos web espaços informacionais. **Informação & Sociedade: Estudos**, João Pessoa, v. 26, n. 2, p. 77-90, maio/ago. 2016. Disponível em: <https://periodicos.ufpb.br/ojs2/index.php/ies/article/view/28116/16202>. Acesso em: 19 out. 2020.

PINTO, Á. V. **O conceito de tecnologia**. São Paulo: Contraponto, 2005. v. 1-2.

PIRES, T. C. F.; SILVA, R. P. da. A responsabilidade civil pelos atos autônomos da inteligência artificial: notas iniciais sobre a resolução do Parlamento Europeu. **Revista Brasileira de Políticas Públicas**, Brasília, v. 7, n. 3, p. 239-254, dez. 2017. Disponível em: <https://www.publicacoesacademicas.uniceub.br/RBPP/article/view/4951/3643>. Acesso em: 19 out. 2020.

PRIMO, A. **Interação mediada por computador**: comunicação, cibercultura, cognição. Porto Alegre: Sulina, 2007. (Coleção Cibercultura).

RECUERO, R. **Comunidades em redes sociais na internet**: proposta de tipologia baseada no Fotolog.com. 334 f. Tese (Doutorado em Ciências da Comunicação) – Universidade Federal do Rio Grande do Sul, Porto Alegre, 2006. Disponível em: <https://lume.ufrgs.br/bitstream/handle/10183/8614/000582681.pdf?sequence=1&isAllowed=y>. Acesso em: 19 out. 2020.

RECUERO, R. **Redes sociais na internet**. Porto Alegre: Sulina, 2009. (Coleção Cibercultura).

RECUERO, R. Warblogs: os blogs, a Guerra no Iraque e o jornalismo online. **Verso e Reverso**, São Leopoldo, v. 17, n. 37, p. 57-76, 2003. Disponível em: <http://www.raquelrecuero.com/warblogs.pdf>. Acesso em: 19 out. 2020.

RHEINGOLD, H. **The Virtual Community**: Homesteading on the Electronic Frontier. New York: Harper Collins, 1993. Disponível em: <http://www.rheingold.com/vc/book/>. Acesso em: 8 set. 2015.

ROMERO-RODRÍGUEZ, L. M. et al. Analfanautas y la cuarta pantalla: ausencia de infodietas y de competencias mediáticas e informacionales en jóvenes universitarios latinoamericanos. **Fonseca, Journal of Communication**, n. 12, p. 11-25, jun. 2016. Disponível em: <https://core.ac.uk/download/pdf/60674744.pdf>. Acesso em: 4 dez. 2020.

RÜDIGER, F. **As teorias da cibercultura**: perspectivas, questões e autores. Porto Alegre: Sulina, 2011. (Coleção Cibercultura).

RÜDIGER, F. **Introdução às teorias da cibercultura**: perspectivas do pensamento tecnológico contemporâneo. Porto Alegre: Sulina, 2003.

RÜDIGER, F. **Martin Heidegger e a questão da técnica**: prospectos acerca do futuro do homem. Porto Alegre: Sulina, 2006.

RUSHKOFF, D. Renaissance Now! Media Ecology and the New Global Narrative. **Explorations in Media Ecology**, v. 1, n. 1, p. 41-57, Apr. 2002.

SANTAELLA, L. **Culturas e artes do pós-humano**: da cultura das mídias à cibercultura. São Paulo: Paulus, 2003.

SEGURADO, R. Entre a regulamentação e a censura do ciberespaço. **Ponto e vírgula**, n. 9, p. 52-70, jul./dez. 2011. Disponível em: <https://revistas.pucsp.br/index.php/pontoevirgula/article/view/13919/10243>. Acesso em: 19 out. 2020.

SIGILIANO, D.; BORGES, G. A competência midiática na produção dos fãs de ficção seriada: uma análise do Legendas. TV. In: CONGRESSO INTERNACIONAL DE COMUNICAÇÃO E CONSUMO – COMUNICON, 6., 2018, São Paulo. Anais... Disponível em: <http://anais-comunicon2018.espm.br/GTs/GTPOS/GT8/GT08_SIGILIANO_BORGES.pdf>. Acesso em: 7 jun. 2020.

SILVA, A. L.; MORENO, A. Frankenstein e cyborgs: pistas no caminho da ciência indicam o "novo eugenismo". **Pensar a Prática**, v. 8, n. 2, p. 125-139, jul./dez. 2005. Disponível em: <https://www.revistas.ufg.br/fef/article/view/110/105>. Acesso em: 20 out. 2020.

SILVA, T.; STABILE, M. (Org.). **Monitoramento e pesquisa em mídias sociais**: metodologias, aplicações e inovações. São Paulo: Uva Limão, 2016.

SILVEIRA, A. F. Robô humanoide Sophia diz que vai destruir a humanidade. **Diário de Notícias**, 25 mar. 2016. Disponível em: <https://www.dn.pt/pessoas/robot-humanoide-sophia-diz-que-vai-destruir-a-humanidade-5094882.html>. Acesso em: 1º mar. 2021.

SILVEIRA, S. A. da; PRETTO, N. de L. (Org.). **Além das redes de colaboração**: internet, diversidade cultural e tecnologias do poder. Salvador: EDUFBA, 2008. Disponível em: <https://portolivre.fiocruz.br/al%C3%A9m-das-redes-de-colabora%C3%A7%C3%A3o-internet-diversidade-cultural-e-tecnologias-do-poder>. Acesso em: 19 out. 2020.

SOARES, T. O videoclipe remix. In: CONGRESSO BRASILEIRO DE CIÊNCIAS DA COMUNICAÇÃO, 28., 2005, Rio de Janeiro. Disponível em: <http://www.portcom.intercom.org.br/pdfs/10658871960541118169922099123359976 9774.pdf>. Acesso em: 19 out. 2020.

SODRÉ, M. **Antropológica do espelho**: uma teoria da comunicação linear e em rede. Petrópolis: Vozes, 2006.

SODRÉ, M. **'Midiatização como o acabamento de outro chão'**. Entrevista concedida a Paulo César Castro. 2010. Disponível em: <http://www.observatoriodaimprensa.com.br/jornal-de-debates/midiatizacao-como-o-acabamento-de-outro-chao/>. Acesso em: 19 out. 2020.

SOPHIA é o primeiro robô do mundo a receber um título de cidadania. **Época Negócios**, 26 out. 2017. Disponível em: <https://epocanegocios.globo.com/Tecnologia/noticia/2017/10/sophia-e-o-primeiro-robo-do-mundo-receber-um-titulo-de-cidadania.html#:~:text=Num%20fato%20hist%C3%B3rico%2C%20o%20Reino,inspirado%20na%20atriz%20Audrey%20Hepburn.>. Acesso em: 1º mar. 2021.

TECHNOREALISM. Disponível em: <http://www.technorealism.org/>. Acesso em: 17 fev. 2021.

TECNOLOGIA. In: Michaelis. Disponível em: <https://michaelis.uol.com.br/busca?r=0&f=0&t=0&palavra=tecnologia>. Acesso em: 16 fev. 2021.

THOMPSON, C. A Timeline of the History of Blogging. New York Magazine, 13 Feb. 2006. Disponível em: <http://nymag.com/news/media/15971/>. Acesso em: 7 jun. 2020.

TRÄSEL, M. A vitória de Pirro dos blogs: ubiquidade e dispersão conceitual na web. In: AMARAL, A.; RECUERO, R.; MONTARDO, S. (Org.). Blogs.com: estudos sobre blogs e comunicação. São Paulo: Momento Editorial, 2009. p. 93-108.

UNIÃO EUROPEIA. Parlamento Europeu. Resolução 2018/C252/25, de 16 de fevereiro de 2017. Jornal Oficial da União Europeia, 16 fev. 2017. Disponível em: <https://eur-lex.europa.eu/legal-content/PT/TXT/PDF/?uri=CELEX:52017IP0051&from=PT>. Acesso em: 4 nov. 2020.

VALENTE, J. Internautas brasileiros acham que a internet se resume ao Facebook. Carta Capital, 24 jan. 2017. Disponível em: <https://www.cartacapital.com.br/blogs/intervozes/internautas-brasileiros-acham-que-a-internet-se-resume-ao-facebook/>. Acesso em: 7 jun. 2020.

VARGAS, M. L. B. O fenômeno fanfiction: novas leituras e escrituras em meio eletrônico. Passo Fundo: Ed. da UPF, 2015. Disponível em: <http://editora.upf.br/images/ebook/o_fenomeno_fanfiction.pdf>. Acesso em: 19 out. 2020.

VICENTIN, T. Facebook × Austrália: entenda o bloqueio de notícias no país. Olhar Digital, 25 fev. 2021. Disponível em: <https://olhardigital.com.br/2021/02/25/pro/facebook-x-australia-entenda-o-bloqueio-de-noticias-no-pais/>. Acesso em: 1º mar. 2021.

WALKER, J. Final Version of Weblog Definition. 28 June 2003. Disponível em: <http://jilltxt.net/archives/blog_theorising/final_version_of_weblog_definition.html>. Acesso em: 23 mar. 2008.

WARREN WEAVER. In: Wikipédia, a enciclopédia livre. 27 mar. 2013. Disponível em: <https://pt.wikipedia.org/w/index.php?title=Warren_Weaver&oldid=34909978>. Acesso em: 19 fev. 2019.

WIENER, N. **Cibernética e sociedade**: o uso humano de seres humanos. Tradução de José Paulo Paes. São Paulo: Cultrix, 1954.

WIENER, N. **Cybernetics**: or Control and Communication in the Animal and the Machine. Massachusetts: MIT Press, 1948.

WIKILEAKS. **Wikipédia, a enciclopédia livre**. 16 mar. 2019. Disponível em: <https://pt.wikipedia.org/w/index.php?title=WikiLeaks&oldid=54516 209>. Acesso em: 24 mar. 2019.

WOLTON, D. **Informar não é comunicar**. Tradução de Juremir Machado da Silva. Porto Alegre: Sulina, 2010.

ZAGO, G. Boatos que viram notícia: considerações sobre a circulação de informações entre sites de redes sociais e mídia online de referência. In: CONGRESSO DE CIÊNCIAS DA COMUNICAÇÃO NA REGIÃO SUL, 11., 2010, Novo Hamburgo. **Anais...** Novo Hamburgo: Intercom, 2010a. Disponível em: <http://www.intercom.org.br/papers/regionais/sul2010/resumos/R20-0675-1.pdf>. Acesso em: 19 out. 2020.

ZAGO, G. Dos blogs aos microblogs: aspectos históricos, formatos e características. **Interin**, Curitiba, v. 9, n. 1, p. 1-12, 2010b. Disponível em: <https://seer.utp.br/index.php/i/article/view/166/pdf>. Acesso em: 19 out. 2020.

ZAGO, G. News Recirculation on Twitter: the Amtrak 501 Cascades Train Derailment. In: INTERNATIONAL ASSOCIATION FOR MEDIA AND COMMUNICATION RESEARCH – IAMCR, 2018, Eugene.

Respostas

Capítulo 1

Questões para revisão

1. b
2. e
3. a
4. Os referidos produtos culturais são apropriados pelos fãs, que criam novas dimensões dessas narrativas em outras mídias e plataformas.
5. Dimensões instrumental e antropológica. O espectro tecnológico resulta do processo humano que engendra perspectivas culturais e sociais, além da manipulação de elementos materiais.

Questões para reflexão

1. Quando Jenkins defende os processos de convergência como eminentemente culturais, ele aponta para a importância de entender a tecnologia como um elemento relacionado às lógicas socioculturais, não como uma província de sentidos apartada da experiência humana. A dimensão tecnológica responde, de forma geral, às demandas sociais, sendo estas relativas às maneiras pelas quais as pessoas organizam seu modo de vida, suas crenças, seus valores e, de forma geral, interpretam a realidade.

   Assim, para responder à questão, você deve refletir sobre como os processos ciberculturais modificam a experiência humana contemporânea, analisando de que modo as dimensões do cotidiano (vida pessoal, profissional, relações de amizade etc.) são afetadas pelas tecnologias que utilizamos na contemporaneidade.

É possível dizer que todas as áreas relativas à ação dos seres humanos estiveram ou estão em processo de transformação pela digitalização. Contudo, essas mudanças não são levadas a cabo pelo domínio tecnológico de maneira independente: o âmbito cultural, ao se modificar, implica novas necessidades, maneiras de se expressar, trabalhar e ser no mundo. Essa situação impacta a estruturação social e, por conseguinte, a perspectiva cultural. Desse modo, novas lógicas são constituídas no entremeio do contato humano, o que certamente fomenta novas demandas tecnológicas.

2. É necessário explicar e relacionar aqui os termos *ciberespaço*, a dimensão da rede constituída pela conexão global entre computadores, e *cibercultura*, um conjunto de técnicas (materiais e intelectuais) relativas a práticas e modos de vida.

Capítulo 2

Questões para revisão

1. e
2. c
3. a
4. As características dos *blogs* estão elencadas no Quadro 2.2, como postagens frequentes e ordem cronológica inversa, e foram apropriadas por plataformas de produção de conteúdo criadas posteriormente, como *podcasts* (publicação seriada em áudio, com o mais recente aparecendo no topo), *videologs* (publicação de vídeos, com o mais novo figurando primeiro) e *microblogs* (*blogs* com limitação de tamanho de *posts*, como é o caso do Twitter, em que cada mensagem não pode ultrapassar 280 caracteres).

5. São três leis: (1) liberação do polo emissor; (2) princípio da conexão em rede; e (3) reconfiguração de formatos e práticas sociais. A primeira trata do acesso livre de todos às ferramentas de produção de conteúdos na rede; a segunda aborda a crescente interconexão em virtude do incremento de produção e conteúdo *on-line*; a última refere-se à influência recíproca entre os meios e o impacto desta em mídias e práticas dos indivíduos na sociedade.

Questão para reflexão

1. A questão demanda que você, leitor, faça uma comparação crítica entre dois universos ideológicos que se digladiam na constituição da cibercultura: (1) a perspectiva de que a internet e seus processos precisam ser guiados pelo compartilhamento e pelo uso comum, visto que a rede – e, de certa forma, todo o processo de digitalização – existe para a libertação e a satisfação das necessidades humanas; e (2) a compreensão de que a apropriação dos recursos digitais sem um direcionamento claro – ou, mais especificamente, a desobediência às regras impostas por sistemas econômicos e jurídicos – implica um colapso social geral, solapando as estruturas de existência do capitalismo.

   Os *commons* fomentam a contínua reinvenção dos processos estruturantes da cibercultura, tendo em vista que a utilização comum de ferramentas e recursos acaba sendo elemento crucial à digitalização das sociedades ao redor do globo, impactando fundamentalmente os modos de ser e de viver. Culpabilizar os usuários por suas apropriações da tecnologia é uma visão reducionista do potencial dos elementos conformadores da cibercultura, delineando um entendimento atrelado apenas aos grandes interesses corporativos (que, ao cabo, também são alimentados pelas microações). Porém, relacionar essas perspectivas contrastantes e apontar prós e contras de cada posição, indicando a existência de uma "terceira via", ou seja, um caminho que contemple possibilidades positivas das duas sistemáticas gerais, é relevante e constitui uma resposta válida.

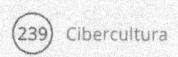

Capítulo 3

Questões para revisão
1. e
2. a
3. d
4. As práticas de fãs são processos produtivos resultantes da interação entre os indivíduos e as mídias e responsáveis por moldar a cultura de fãs e a digital. Isso engloba expressões de *fan work*, como *fanfictions*, *fanarts* e traduções.
5. Essas ações são amplificadas pela utilização de redes sociais, que possibilitam o contato entre fãs e celebridades e, também, com outros aficionados, além de fomentar o engajamento em prol de diversas causas (o que acontece, muitas vezes, em virtude do incentivo de ídolos do entretenimento).

Questão para reflexão
1. Aqui, é necessário que você produza um *fan work* utilizando, nessa expressão artística, tecnologias digitais diversas (editores de imagem, de vídeo etc.).

Capítulo 4

Questões para revisão
1. d
2. e
3. c
4. Ao passo que a dimensão física perde relevância, a noção de espaço constituído pelas interações humanas digitalizadas adquire proeminência. Rompe-se, assim, a concepção dualística de "real" e "virtual", com os indivíduos agrupando-se e criando comunidades em função de interesses em comum.

5. *Netspeak* é uma forma de linguagem da internet; na concepção de Halliday (1976), uma antilinguagem. Com esse tipo de comunicação, erigido pela constituição do ciberespaço e da cibercultura, surgiram expressões e palavras formadas pela subtração de sílabas, pela adaptação de termos e pelo uso de figuras e símbolos (*emojis*). Conforme Baihui (Baihui; Fengjie, 2017), os cinco tipos de adaptações na *netspeak* são: *relexicalization*, *overlexicalization*, *homophone*, *abbreviation* e *creation*.

Questão para reflexão

1. Para responder à questão, você deve apresentar as características dos conceitos de Bittencourt (2016) e Castells (2014) elencadas no texto e relacioná-las à ideia original de Jürgen Habermas sobre a esfera pública. O delineamento da resposta passa pela necessidade de expor principalmente que:

   - a esfera pública original, na acepção de Habermas, foi cooptada pelo desenvolvimento das estruturas midiáticas;
   - para Bittencourt, as opiniões são discutidas intragrupos – sendo que estes se formam por interesses em comum. Essas opiniões tornam-se públicas antes de passarem por um escrutínio qualitativo, sublimando uma das principais etapas de deliberação;
   - para Castells, as opiniões geradas e compartilhadas de maneira *on-line* acabam por insuflar ações em espaços físicos (fora do *on-line*). As redes reestruturaram as lógicas de formação da opinião pública, pois impactam nas maneiras pelas quais consensos são criados, como as pessoas passam a atuar na vida em conjunto e como as empresas e as instituições públicas analisam e respondem às movimentações e às demandas sociais.

Capítulo 5
Questões para revisão
1. b
2. a
3. e
4. Embora a arquitetura da rede apresente formatos de desenvolvimento em perspectiva aberta, as conexões que compõem a internet são estruturadas por meio de controles estatais e/ou empresariais, como ilustra a proibição de acesso a determinados *sites* em diversos países, por exemplo. O próprio tráfego global de dados acontece via cabos submarinos, equipamentos vulneráveis a interesses políticos e econômicos.
5. O *patriotic act* foi uma lei aprovada pelo governo de George W. Bush nos Estados Unidos. Ela permitiu a tal nação empreender diversas ações concernentes à estruturação da rede, sobretudo à comunicação interpessoal. Com isso, possibilitou o recolhimento amplo e sistemático de dados de usuários da internet sem a necessidade de autorização da justiça.

Questões para reflexão
1. É preciso destacar aqui que os dispositivos de monitoramento fornecem dados que são apropriados por diversas instituições, conforme múltiplos interesses, com ou sem nossa anuência – aplicativos de redes sociais, por exemplo, coletam uma infinidade de informações. A concentração desses dados nas mãos de poucas instituições (sejam empresas, sejam agências estatais de vigilância) acaba por constituir um poder significativo acerca das maneiras pelas quais grande parte da população recebe informações sobre a realidade e a compreende. Isso influencia diretamente os processos de decisão política. Reajustar essa correlação demanda, assim, maior transparência quanto aos dados coletados, atuação efetiva para protegê-los por meio de marcos regulatórios, bem como expansão dos processos de literacia midiática.

2. É necessário apontar que as maneiras pelas quais a vigilância acontece são, em geral, processos ocultados da maioria dos usuários. Como indica Lemos (2009, p. 630), "a nova vigilância da sociedade de controle está em todos os lugares e, ao mesmo tempo, em lugar nenhum", já que é empreendida por meio de dispositivos tecnológicos (*hardware* e *software*) que permitem o acesso de indivíduos e instituições ao ciberespaço.

Capítulo 6

Questões para revisão

1. c
2. d
3. b
4. Segundo a autora, a tecnologia, em razão da gradativa fusão entre organismo e máquinas, já compõe os corpos humanos, seja pelo aperfeiçoamento do corpo (próteses ou ingestão de remédios), seja pela mecanização dos processos sociais, tornamo-nos cada dia mais híbridos.
5. Processos como o avanço da IA, da IoT e da computação ubíqua indicam a conformação de uma realidade futura na qual as máquinas se parecerão com os seres humanos ou mesmo os simularão.

Questão para reflexão

1. A principal questão para constituir essa IA é a integração entre sistemas eletrônicos e organismos biológicos, de forma que as características de ambos sejam engendradas por essa nova estrutura híbrida.

Sobre os autores

Gabriela Zago é doutora em Comunicação e Informação pela Universidade Federal do Rio Grande do Sul (UFRGS), na linha de informação, tecnologia e redes sociais. Atualmente, leciona disciplinas relacionadas à cibercultura e às redes sociais na internet em cursos de especialização e atua como pesquisadora vinculada ao Grupo de Pesquisa em Mídia, Discurso e Análise de Redes Sociais (Midiars).

Giovana Santana Carlos é doutora em Ciências da Comunicação pela Universidade do Vale do Rio dos Sinos (Unisinos), com doutorado-sanduíche realizado na DePaul University mediante bolsa Fulbright; mestra em Comunicação e Linguagens pela Universidade Tuiuti do Paraná (UTP); e bacharela em Comunicação Social: Jornalismo pela Universidade de Passo Fundo (UPF). Sua pesquisa abrange temas como comunicação digital e cultura de fãs, com enfoque no *fandom* de cultura *pop* japonesa e no *fandom* literário de romances.

Ivan Bomfim é doutor em Comunicação e Informação pela Universidade Federal do Rio Grande do Sul (UFGRS), com doutorado-sanduíche na Universitat Autònoma de Barcelona (UAB). Atua como professor do Departamento de Jornalismo e do mestrado em Jornalismo da Universidade Estadual de Ponta Grossa (UEPG). Realizou estágios de pós-doutorado na Universidade do Vale do Rio dos Sinos (Unisinos) e na UEPG e é um dos coordenadores do Grupo de Estudo e Pesquisa em Mídias Digitais (Gemidi).

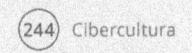

Maíra Bittencourt é pós-doutora em Comunicação pela Universidade da Beira Interior (UBI – Portugal), doutora em Ciências da Comunicação pela Universidade de São Paulo (USP) e professora do Departamento de Comunicação da Universidade Federal de Sergipe (UFS).

Marcelo Barcelos é mestre e doutor em Jornalismo pela Universidade Federal de Santa Catarina (UFSC). Pesquisador futurista, investiga os dilemas e a superação tecnológica do homem-máquina na constituição de uma vida integralmente cibernética a partir da popularização da internet das coisas (IoT) e da inteligência artificial (IA). Professor de graduação e pós-graduação sobre temas voltados ao digital, já ministrou mais de 50 palestras no Brasil e no exterior, além de ter trabalhos e experimentos publicados em capítulos e livros da área no Brasil, no Chile, na Argentina, em Portugal, na Espanha, na Itália e nos Estados Unidos.

Marco Bonito é doutor e mestre em Comunicação Social pela Universidade do Vale do Rio Sinos (Unisinos) e pela Universidade Paulista (Unip), respectivamente; especialista em Editoração de mídias digitais pela Impacta; e graduado em Comunicação Social: Jornalismo pela Universidade de Taubaté (Unitau). Atua como professor adjunto da Universidade Federal do Pampa (Unipampa) nos cursos de graduação e pós-graduação em Comunicação Social. Pesquisador participante dos grupos de pesquisa Processocom (Unisinos) e texto (Unipampa), sua principal linha de investigação envolve temas relacionados a processos comunicacionais e cultura midiática digital e suas narrativas, sob o viés da acessibilidade comunicativa, na perspectiva do desenho universal.

Os papéis utilizados neste livro, certificados por instituições ambientais competentes, são recicláveis, provenientes de fontes renováveis e, portanto, um meio **responsável** e natural de informação e conhecimento.

FSC
www.fsc.org
MISTO
Papel | Apoiando o manejo florestal responsável
FSC® C103535

Impressão: Reproset